KB274677

자기소개서 **백점**
면접 **만점**

자기소개서 백점 면접 만점

이 경 륜 지음

세창미디어

"A4 2장 이내로 쓰시오."

입사지원서의 자기소개 작성란에 적혀 있는 내용이다. 그리고 이것이 지금까지 살아온 '나'를 표현하는 데 주어진 공간의 전부이다.

평균 입사 경쟁률 100 : 1

취업 정보 업체가 조사한 2004년도 하반기 정규채용의 평균경쟁률이다. 서류 전형을 통과하는 데만 30 : 1의 경쟁을 뚫어야 한다. 그런데 출신대학, 학점 등은 이제 와서 어떻게 해볼 수 없는 고정된 조건이다. 지금 이 순간 내가 30 : 1의 서류 면접을 뚫기 위해서 할 수 있는 일은 자기 소개서를 잘 쓰는 방법밖에 없다.

어떻게 해야 잘 쓰는 걸까?

읽는 이의 마음을 사로잡으면 된다. 여기에 그 방법, 25가지를 제시하고 있다. 자신에게 맞는 방법을 골라 유기적이고 입체적으로 자신의 스토리를 만들어 심리를 사로잡아라.

이렇게 천신만고 끝에 서류 전형에 통과하면 면접이 기다린다. 면접에서 자신에게 주어진 시간은 대략 5분 정도. 최선을 다해서 면접관의 질문에 답하는 것은 어떤 것일까?

모든 것은 로마로 통한다는 말이 있다. 질문의 답은 당신이 얼마나 비즈니스 감각을 가지고 있고 합리적으로 선택을 하는 사람인가를 보여주면 된다. 여기에 비즈니스 감각과 합리적 선택을 보여 줄 수 있도록 답하는 방법 25가지를 제시하고 있다.

이 25개의 퍼스널 브랜딩 방법이 취업의 관문을 뚫는 데 도움이 된다면 이 작은 책은 소임을 다한 것일 게다. 끝으로 책의 기획단계에서 출간에 이르기까지 수없는 토론을 함께 한 풀에디슨의 이휘조 선생님과 권숙현 선생님께도 감사드린다.

Contents

제1장   퍼스널 브랜딩(PB)이란 유혹이다

제2장   이수일은 심순애를 어떻게 유혹했나

제3장　말과 글에서 자동판매기의 인상을 지우는 방법

제4장　자기소개서를 베스트셀러로 만드는 6가지 법칙

Contents

제5장 면접에 성공하는 7가지 습관

제1장 퍼스널 브랜딩(PB)이란 유혹이다

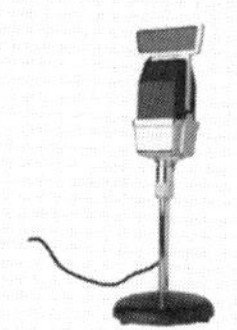

"글쓰기는 유혹이다. 좋은 말솜씨도 역시 유혹의 일부분이다."

"글쓰기의 목표는 정확한 문법이 아니라 읽는이를 따뜻이 맞이하여 이야기를 들려주는 것, 그리고 가능하다면 자기가 읽고 있다는 사실조차 잊게 만드는 것이다."

— 스티븐 킹

사람의 심리를 사로잡는 수수께끼의 열쇠

*1*_ 사람의 심리는 어떻게 사로잡는 것일까?

하나. 다음에 벌어질 사건에 대해 기대감을 갖게 해라.
둘. 각각의 사건과 그 해설을 나누어라.
셋. 사건을 시간의 순서대로 연결해라.

무슨 말인지 이해가 안가면 일단 "무조건 외워라."

2 나는 당신이 무슨 생각을 하고 있는지 안다 !

목차1을 읽고 지금 당신은 "XX, 무슨 말하고 있는 거야?", "별 X 같은 경우 다 보겠네" 하고 열받아 한다. 그러나 나는 지금 히죽 히죽 웃고 있다. 왜냐하면 우선 '어안벙벙', 내지는 '황당무계' 라는 당신의 반응을 높이는 데 성공했기 때문이다.

3 이제는 사람의 심리를 사로잡는 법, 두 번째 "각각의 사건과 그 해설을 나누어라"를 적용할 차례

뭐랄까? 위에 나오는 사람의 심리를 사로잡는 방법 인지 순서는 스티븐 스필버그든 왕가위나 박찬욱 등 소위 대박감독의 영화에서 어김없이 발견되는 이른바 "필 꽂는" 수법이다. 물론 내가 발견한 건 아니고 『인간의 마음을 사로잡는 스무 가지 플롯』이라는 책에 있는 말이다. 그러면 책의 한 구절을 인용해 가며 사건의 해설을 착실히 해볼 참이다.

"옛날 옛날에 한 아주머니가 시장에 갔다가 돌아와 보니 집에서 기르는 도베르만이 목에 뭔가가 막혀 캑캑거리고 있었다. 그래서 아주머니는 동물병원에 데리고 가서 입원을 시킨 뒤에 저녁준비를 위해 지체 없이 집으로 돌아오니 전화벨이 사정없이 울려대고 있었다. 헐떡거리며 전화를 받으니 수의사가 다짜고짜 집에서 즉시 나오란다. 자신도 바로 집으로 오겠다면서. 이 순진한 아주머니가 헐레벌떡 집을 나오니 호떡집에 불이라도 났는지 사이렌 소리가 요란하게 울려대는데 자세히 보니 불자동차가 아니라 경찰백차가 급하게 아주머니 집 앞에 급정거를 했다. 텔레비전에서나 보던 경찰특공대들이 튀어나오더니 쏜살같이 아주머니 집으로 뛰어 들어가는 것이 아닌가?

아주머니는 망연자실, 미친년처럼 그저 멍하니 서 있는데 어느새 수의사가 다가왔다. 아주머니가 구세주라도 만난 듯이 수의사에게 자초지종을 물으려는 참에 아주머니 집으로 들어갔던 경찰특공대들이 손에서 피를 흘리는 한 남자를 데리고 나오고 있었다. 경찰들이 백차를 타고 떠나고 나서야 수의사는 설명을 시작했다.

도베르만의 입을 '아' 하고 벌리고 목구멍을 들여다보니 사람의 손가락이 들어 있었다는 것이다. 수의사는 도베르만이 아주머니 집에 들어온 도둑의 손가락을 문 것으로 판단, 아주머니가 위험하다고 생각하여 경찰에 신고를 하는 한편, 아주머니에게 전화를 걸어 얼른 몸을 피하라고 했던 것이었다. 그리고 경찰은 벽장에 숨어 있던 도둑을 체포함으로써 사건은 종결됐다. "

요컨대 사람의 심리를 사로잡는 법이란 "사람 궁금해서 미치게 만들다 마지막에 좌-악 설명하라!"이다. 한 마디로 지릴 때까지 참다가 한꺼번에 쏟아내면 되는 것이다. 오줌 빨 죽이고, 소리 좋고. 거기다 시-워어언하게…. 오줌이 지저분하면 고무줄로 바꿔도 무방하다. 앞으로는 "고무줄 계 에소옥 당기다 한꺼번에 탁"으로 기억하도록 하자.

4 비결을 '쓰기, 말하기'에 적용해 보자

트렌드를 묻는 문제는 면접이든 공채시험이든 항상 출제 가능성이 높다. 트렌드에 대해서 사람의 심리를 사로잡는 법을 활용해서 어떻게 쓰고, 말하는지를 눈여겨봐라. 알다시피 요즘의 생활 트렌드는 웰빙이다.

화학조미료가 들어가지 않은 자연 음식의 선호, 햄버거로 대표되는 패스트푸드에 대항하는 슬로푸드 운동은 금연, 몸짱 열풍 등 생활 전반에 걸친 웰빙 문화의 확산으로 이어지고 있다. 웰빙 문화 확산의 배경 및 의미는?

'171. 85'

내 신체조건이다.

나를 둘러싼 대화의 핵심은 다이어트이다. 전문가들은 엄숙한 표정으로 규칙적인 운동과 술, 담배를 당장 끊기를 권한다. 칼로리가 많은 초콜릿 같은 건 말할 필요도 없음은 물론이다.

"자유 아니면 죽음을 달라."

프랑스 혁명의 구호다.

조선시대에는 주자학 해석에 목숨을 건 사람들이 많이 있었다. 송시열이 그랬고, 최익현이 그랬다. 우리만의 사정이 아니다. 이탈리아 사람, 지오다르노 브루노는 "지구는 둥글다"라는 신념 때문에 화형까지 당했다.

이와 같이 정신, 이성, 진리를 위해서 초개와 같이 버려졌던 육체가 이렇게 소중한 존재가 된 까닭은 무엇일까?

#1의 해설

▶ 고무줄 당기기 1번 "상징적 표현은 사람의 시선을 모은다."

웰빙이란 쭉쭉빵빵한 몸매에 고무줄같이 유연한 육체를 갖기 위한 노력이다. 몸무게로 육체를 상징하고, 데카르트의 고기토로 정신을 상징적으로 표현했다.

▶ 고무줄 당기기 2번 "대립구조를 형성해라."

'몸짱'으로 대표되는 육체 우선주의 vs "내 목에 칼이 들어와도 할말은 한다"의 정신 최고주의의 날 선 대립구조를 형성했다.

대립구조는 "싸움이 일어나겠구나!" 하는 기대를 읽는이에게 불러 일으키는 장점이 있다. 뿐만 아니라, '부처님 손바닥 벗어나기'와 '양손에 떡 쥐기'란 기대와 반응을 높이는 무기도 선물해 준다.

첫 번째 무기 **부처님 손바닥 벗어나기**

대립구조는 상황을 복잡하게 만든다. 누가 이길지 예상하고 선택해야 하는 부담이 생겼다. 모범답안을 벗어난 대답을 듣고, 면접관은 정신을 응원해야 할지, 육체를 응원해야 할지 자신의 견해를 가다듬어야 한다. 자연히 면접관의 주의는 높아진다.

두 번째 무기 **양손에 떡 쥐기**

대립구조는 필연적으로 칼싸움을 수반한다. 작성자는 때로는 정신의 입장에서, 때로는 육체의 입장에서 쌍칼을 휘두를 수 있다. 채용의 중요한 평가요소인 '다양한 사고'를 표현할 수 있는 기회로도 활용할 수 있다.

 **수의사에게 걸려 온 전화: 고무줄을 계속 당겨라**

플라톤 이래 서양문명은 정신이 지배해 온 사회였다. 고대에는 폴리스가, 중세에는 그리스도가, 근대에는 이성이 세상을 지배하고 모든 사물을 설명했다. 하지만 제1, 2차 세계대전은 인간의 이성에 대한 사람들의 신뢰를 무너뜨렸다. 다윈의 진화론, 프로이트의 무의식의 발견도 이성의 침몰을 거들었다.

이제 이성은 증오의 대상이 되었다. 사랑했던 사람일수록 더욱 미워지는 법!

이성의 건강제들 역시 증오의 대상이 된다. 담배를 피우는 사람, 살찐 사람, 술 마시는 사람은 사회적 패배자다. 절제력과 인내심, 에티켓과 분별력이 없는 사람이다. 뚱뚱한 사람은 게으르고 나태한 사람이다.

담배와 술은 중세의 유대인과 마녀와 같이 억압과 금기의 존재가 된 것이다.

#2의 해설
기대와 반응 유지의 임무 완수를 위해 하달된 3가지 명령

첫 번째 명령 **"분위기를 돋우는 단어를 선택해라"**
칼싸움은 유혈 낭자한 법. '증오', '배신', '분노' 등 싸움냄새를 풍기는 단어를 사용했다.

두 번째 명령 **"싹뚝 자르기로 이야기의 진행속도를 높여라"**
'이유에 이유를 붙이고', '설명을 위한 설명'을 늘어놓는 꼬리에 꼬리를 무는 글쓰기 스타일이 이야기를 늘어지게 만든다.

설명을 하고 싶은 마음을 싹뚝 잘라라.

예문에서도 '이성의 침몰에서 바로 이성은 증오의 대상으로' 넘어갔다. 싹뚝 자르기는 이야기의 진행속도를 높임으로써 독자의 기대와 반응을 유지하는 고전적인 수법이다.

세 번째 명령 **"내가 알고 있는 것을 뽐내라"**
잘나고 유식한 놈 뽑는 게 채용의 기본. 문제 제기는 선정적이어야 하지만 서술은 아카데믹하게 해야 한다.

 **숨이 막힌 전말 (고무줄 '탁' 놓기)**

근대의 파워엘리트 부르주아는 정신 강장제, 커피와 담배를 자신들의 상징으로 삼았다. 그러나 이제 자본주의의 상징이 바뀌었다. 소비가 자본주의의 새로운 상징이 된 것이다. 벤츠, 샤넬5, 아르마니….
피트니스 클럽, 발 마사지, 뱃살센터, 위 절개 수술….
'몸짱'을 위한 노력 역시 소비를 자극한다. 웰빙은 결국 우리나라에서 헬스케어 산업이 성장기에 도입했음을 알리는 아이콘이라고 할 수 있다.

#3의 해설
유행, 트렌드의 배후를 까발리는 요령 2가지

▶ 요령 1 "모범답안으로 돌아가자."

결론은 누구나 "암 ! 그렇지" 하고, 고개를 끄덕이는 상식적이고 보편적이어야 한다. 혹여 의문을 갖게 만드는 표현은 절대금지. 차라리 훈계가 낫다. 전개가 질풍노도라면 결론은 잔잔한 호수라고나 할까.

유행, 트렌드를 묻는 질문에는 새로운 비즈니스의 탄생을 알리는 아이콘으로 답변하면 good!이다. 지금 당신에겐 정답을 맞추는 것보다 비즈니스 감각을 어필하는 것이 중요하다.

▶ 요령 2 "설명의 실감성을 확보해라."

설명을 실감나게 하려면 예를 반복해서 나열해라. '반복과 나열'은 읽는 사람 머리 속에 이미지를 콕콕 찍어 준다. 신문의 헤드라인이나 포탈의 인기 검색어가 나열을 돋보이게 하는 좋은 예라고 할 수 있다.

5 예상 문제를 사로잡는 방법

문화 현상의 책임은 반대편에 물어라. 즉, 몸뚱아리를 물으면 정신을 때려라. 그러면 일단 기대와 반응이 올라간다.

유혹의 이미지 트레이닝

단편은 어느 특징적인 순간을 인상적으로 전하는 수단이지만, 장편은 인생에 대한 고민을 표현하는 수단이라고 봅니다.

_20대에 칸느에 간 영화 감독의 말

1_ 면접시험에서의 말대답 공식

천재들은 우리에게 종종 영감을 주는 발언을 한다. 나는 젊은 감독의 말에서 면접시험에서 우리가 어떻게 대답해야 합격할 수 있는지를 찾았다.

"나의 견해를 인상적으로 전달하자!"

2 인상적으로 전달하는 법

"순간적인 인상"의 효과적 전달은 구호가 아니라 의식적이고 인위적인 단계와 과정만이 가능하게 한다.

1) 연관짓기: "모든 질문에 전공지식을 활용해서 대답해라"

"지금까지 당신은 오랫동안 부모님으로부터 용돈을 받아왔다. 당신은 용돈을 어떻게 사용하여 왔는가? 그리고 용돈을 부모님이 안 주실 때에는 어떻게 해야 한다고 생각하는가? 그리고 용돈이란 부모님이 자식에게 꼭 주어야 하는 것이라고 생각하는가?"

이런 질문을 당신이 면접시험에서 받았다면 어떻게 대답해야 할까?

당신이 경제학을 전공했다면, 경제이론과 연관시키고, 사회학부 전공이라면 용돈의 사회학적 의미를 이론적으로 담아낸 것이라야 우선 면접관이 고개를 끄덕일 자세가 된다.

➡ 사회학을 전공하고도 경제학적인 지식을 바탕으로 질문에 대답하는 것은 오히려 감점(−)요소이다. 왜냐하면 실은 경제학과에 지망하고 싶었지만, 수능 점수가 나빠 울며겨자먹기로 사회학과를 다녔다는 것을 반증하기 때

문이다.

2) 지식 선택: "오면 잘 하겠어!" 소리를 듣고 싶으면

이를테면, 물가상승률과 용돈인상의 관계를 중심으로 대답해야 한다. 법학을 전공했다면, "용돈 동결 시, 등교 거부 등의 파업의 권리가 나에게 있는가 없는가?"를 따져 볼 수도 있겠다.

지식 선택의 요령은 "얼마나 상세하게 알고 있는가?"이다. 멋진 이론을 선택하다가 자칫 "인접 개념들이 모호하게 뒤섞여 논의함"이라는 평가를 받게 된다.

선택 지식이 "질문에 적당한 것인가 아닌가?"를 고민하거나, 걱정하면서 시간을 소비할 사항이 아니다. 단지, 논제를 얼마나 전공학부의 시각에서 이해하고 있는가를 보여주기만 하면 된다.

 **이렇게 하란 소리다**

"다음 글의 주인공이 만약 경제학을 알고 있다면 어떻게 행동했을까"에 대하여 답해 보시오.

"열 살 때 나는 누나 메건을 두려워했다. 그녀가 내 방에 들어왔다 하면 내가 아끼는 장난감이 적어도 한 개는 망가지게 마련이었다. 그것도 대개는 내가 제일 좋아하는 장난감이었다."

알다시피 면접의 방법이 다양해졌다. 그러나 어떤 방법을 취하든 질문의 목적은 "당신이 알고 있는 지식을 응용하여 어떤 행동을 하는가?"를 알고자 하는 것이다. 즉, 문제는 지식의 응용을 통한 행동 선택의 적합성을 판단할 수 있도록 만들어졌다는 말이다.

비즈니스란 그게 소비자이든 바이어이든, 경쟁자이든 간에 상대방의 행동에 대해서 나는 어떻게 행동할 것인가? 또는 내가 이렇게 하면 상대방은 어떻게 할 것인가를 감이 아니라 논리적으로 추측하고 거기에 맞는 행동을 취하는 것으로 정의할 수 있다.

그러니까 당신은 어떤 귀신 씨나락 까먹는 질문에 대해서라도 알고 있는 지식을 동원하여 당신이 얼마나 합리적으로 선택하는가를 보여주면 된다. 다음 예를 보라.

24

열 살 때 나는 형을 두려워했다. 그가 내 방에 들어왔다 하면 내가 아끼는 장난감이 적어도 한 개는 망가지게 마련이었다. 그것도 대개는 내가 제일 좋아하는 장난감이었다. 지금 같으면 형에게 내가 제일 좋아하는 물건이 어떤 건지 모르게 하기 위하여 비슷한 걸 여러 개 준비해두었을 것 같다. 말하자면 대체재를 만들어 놓는 것이다.

대체재는 나에게 2가지의 이점을 가져다준다. 첫째는 비슷한 여러 개 가운데 내가 가장 좋아하는 것을 고르기가 어렵다는 점이다. 두 번째는 사람들은 대개 희소성의 법칙에 따라 행동한다는 점이다. 즉, 여러 개나 되는 흔한 물건 가운데 하나를 망가뜨리는 데 흥미를 잃을 수도 있고, 망가뜨려도 심리적 타격이 적은 장난감을 형이 고를 가능성이 높기 때문이다.

3) 배경 짐작하기: "질문자의 마음을 읽어라"

"용돈은 왜 느닷없이 출제됐을까?"를 짐작해 보자.

질문의 모티브는 "2002년 대선에서 어느 언론인이 특정 후보 지지를 자녀들로부터 이끌어내는 수단으로 생활비라는 금전적인 문제를 사용하라는 발언이 아니었을까?"로 짐작할 수 있다. 이것을 기업의 입장으로 바꾸면 급여나 성과에 따른 상여금이 용돈에 해당된다.

질문의 모티브를 알면, 모티브를 예로 사용하여 대답을 할 수가 있다. 장사꾼에게 마음을 읽는 것보다 중요한 게 있겠는가?

3 배운 것 써먹기

근년의 커다란 사회 이슈에 대한 당신의 견해를 묻는 질문이 나올 가능성이 크다. 이를테면, 탄핵사태, 이라크 파병, 양심적 병역거부, 부유세, 사회공헌기금 등 출제 가능성 1순위로 꼽히는 이슈들에는 어떻게 대답해야 할까? 먼저 탄핵사태에 대해서 대답하는 방법을 생각해보자.

첫째, 대답의 핵심은 '합리성'을 보여주는 것이다.

TV토론에서 허구헌 날 오간 '절차의 합리성'이란 단어에 주목하자.

다음은 지식 뽐내기. 대답은 몽테스키외의 삼권분립을 예로 시작한다. 그리고 민주주의 발전에 연결시켜라. 물론, 결론은 비즈니스적일 것!

기업에서의 회사원의 자율성이란 견제와 균형을 전제로

한다고 대답하면 어떨까 싶다.

그럼, 이라크 파병 문제나 양심적 병역 거부를 묻는 문제
는 어떻게 대답하면 될까?

"외국에 나가면 누구나 애국자가 된다…." 같은 대답
을 하면, 이런 평가를 받게 된다.

"문제에 대한 전체적 파악에서 허점을 드러낸다."
"상투적으로 말했다."

적절한 대답을 위해서는 질문을 일반화 · 단순화해서 "무
엇과 무엇의 관계", "무엇과 무엇의 차이" 등으로 생각하는
과정이 필요하다. 위의 질문을 일반화 · 단순화하면, 국가와
개인의 관계에 대해서 묻고 있는 것이다. 그리고 양심적 병
역 거부는 국가의 이익과 개인의 이익의 충돌을 나타내는
구체적 사례인 것이다. 질문에 대한 대답은 사업의 성공을
위해서는 이해당사자나 내부참여자들 사이에 생기는 견해
의 차이를 조정하는 능력이 얼마나 중요한지를 역설하는 식
이 되어야 한다. 즉, 사건, 사실의 이해와 분석을 통해서 어
떤 비즈니스적 교훈을 얻었는가를 말하면 된다.

재미있게 본 영화의 줄거리를 떠올리자

드라마란 누군가 어떤 일을 하려고 대단히 노력하는 데 그것을 성취하기란 매우 어려운 이야기다.

—데이비드 하워드의 시나리오 가이드에서

하워드는 스크립트 닥터(Script Doctor), 원고 박사란 칭송을 듣는 사람인데, 그는 박사답게 신데렐라 스토리의 인기 비결을 콕 집어 설명한다.

"주인공이 가난과 역경을 이기고 드디어 행복 쟁취!"

한 마디로 신데렐라 이야기는 드라마의 본질인 것이다.

1. 신데렐라와 면접이 무슨 관계

"정보화, 세계화 시대로 일컬어지는 21세기는 범세계적 의식을 바탕으로 한 문화통합의 시대가 될 것이라는 전망이 있다. 세계화 시대의 한국문화가 나아가야 할 방향에 대하여 어떤 생각을 갖고 있는가?"

위의 면접 문제를 이른바 육하원칙으로 정리해서, 드라마의 구조와 비교해보자.

	누가?	어떻게?	무엇을?
드라마	주인공이	어려운 과정을 거쳐	목표를 성취
면접	우리가	질문을 이해하여	면접자의 마음에 드는 견해를 밝힌다

구조가 똑같다. 드디어 면접관을 열광시킬 수 있는 방법을 찾았다. 신데렐라 스토리처럼 대답하면 되는 것이다.

2. 〈신데렐라 스토리〉로 대답하기 연습

면접관 자기소개서에는 취미로 독서를 적고 있는데, 독서로부터 얻은 자신의 생각을 구체적으로 말해 보라.

 **성취하기 어려운 목표 설정**

현대판 신데렐라 장금이의 어린 시절을 생각하자.

당신 저는 효과적인 독서를 위해서는 독서의 본질을 파악이 중요하다고 생각했습니다. 그래서 제목이 독서의 본질임을 말하고 있는 롤랑 바르트의 『텍스트의 즐거움』을 본질 파악의 도구로 사용하였습니다.

그런데 이 책은 글씨는 읽히지만 이해는 할 수 없는 구조를 갖고 있었습니다. 왜냐하면 저자나 이해가 가능하게 메모처럼 쓰여져 있었기 때문입니다.

물론, 전혀 성과가 없었던 것은 아닙니다. 저자는 텍스트 이해의 어려움에 대한 비유나 암시를 위해서 이런 형식을 취하지 않았나 생각하게 됐습니다. 결국 저는 '이해'를 위해서는 "Read between the line," 즉 현미경 들고 숨어 있는 뜻을 찾는 것만 중요한 것이 아니라 숲, 말하자면 전체를 파악하는 능력이 필요하다는 것을 절감했습니다.

 **목표를 향한 좌충우돌의 과정**

장금이 수련시절

그래서 가독성이 뛰어난 소설가 정한숙 씨의 『현대 소설 창작법』을 읽기 시작했는데, 이 책은 이해는 쉬우나 인용이 너무 많은 것이 흠이었습니다. 인용이 구체성과 실감성을 가져다주기는커녕 지루함만 가져다주었습니다.

이 책은 인용이란 제일 실감이 나는 것으로 하나만 드는 것이 좋다는 결론을 얻게 됐죠. 그리고 롤랑 바르트가 말하는 텍스트의 즐거움이란 내용의 이해가 아니라 책을 통해 얻는 느낌이 아닌가 하는 해석을 해보기도 했습니다.

 **목표를 향한 전진 표현**

장금이 음식경연대회에서 물먹는 시절

만약 자기 소개서에 독서를 취미로 쓴다면 이렇게 쓰면 된다.

바르트는 '저자의 죽음'을 말했다. 유명한 사람들의 말은 수수께끼식 정의로 그들을 더 유명하게 만드는 것 같았다. 그의 말을 빗대서 이런 생각을 해보았다.

'만약 내가 지금 책으로 파리를 잡고 나서 "책은 파리채다"라는 정의를 일기나 서간문에 적는다. 만약 내가 후일 유명해진다면, 나의 유명세가 "책은 파리채다"란 나의 정의를 사람들이 무슨 뜻인가 연구할까? 궁금하다. 누군가 이유를 묻는다면 이런 논리가 준비되어 있다.

나는 횡단과 유목의 노마디즘을 주장한 들뢰즈의 생각을 책에 대입했다. 책을 일용할 정신의 쌀만으로 이해하는 것은 책을 특정한 형태로 옭아매고 고정시키려고 하는 일종의 권력이 되게 하는 것이다. 들뢰즈의 말대로 권력의 지대, 즉 고정관념으로부터 끊임없이 이동하여 권력이 미치지 못하는 새로운 영토를 생성하도록, 책은 파리를 잡는 파리채로, 뜨거운 라면을 올려놓는 받침대의 대용으로 사용해야 한다.'

 **목표 성취의 어려움에서 오는 절망 표현**

장금이 의녀 시절

서문을 읽거나 작품 해설집을 읽으면 그 동안의 독서가 참으로 허망했음을 느꼈다. 그들은 어찌도 그렇게 똑똑하게 작품을 읽었을까? 나는 앞의 줄거리도 생각이 안 나는데⋯. 여러 번 안 읽어서 그랬나 싶어 화장실에까지도 갖다 놓고 기회 있을 때마다 되풀이해 읽어도 해설집에 나온 이야기를 이해할 수 없었다. 나중엔 외운다. 이렇게 난 MP3가 되어 간다.

→ 자기소개서에 전공을 공부하면서 느낀 점을 쓸 때도 물론 신데렐라 스토리로 써라!

 **해설 : 자기소개서 속의 '대장금'**

 **누가로 시작**

처음부터 '나'의 생각으로 시작했다

"종이 위에 글로 씌어진다고, 아니 모니터상에 활자로 박

힌다고 모두 같은 글은 아니다."

대부분의 사람들이 만약 독서에 관하여 쓴다면, 이렇게 독서에 대한 개념 설명부터 들어간다. 그러나 이런 방법은 확고한 독서에 대한 철학을 가지고 있는 글쓰기 전문가들의 방법이다. 우리들은 첫 문장 쓰고 곧장 머리를 쥐어뜯으며 다음 내용을 고민하게 된다. 고민은 억지스런 오버를 낳고, 첫 문장의 합리화란 명분에 질질 끌려 다니며 '끝말 이어가기'식 글쓰기가 될 위험가능성이 높다.

> 린디 잉글랜드라는 21살의 미군 이등병이 세계에서 가장 유명한 인물이 됐다. 매스컴은 그를 '악녀' 또는 '악의 화신'이라고 부르고 있다.
>
> —한국일보, 장명수 칼럼에서

꼭 '나'가 아니더라도 등장인물을 등장시켜라. 처음부터 너무 큰 주제를 다루면 글쓰기가 부담스럽다. 등장인물은 주제를 작게 만들고 집중시키는 효과를 가져다준다.

 **뭔가 성취**

'독서의 본질 이해'라는 성취대상을 처음부터 밝힌다

성취의 대상은 되도록 도달하기 어려워야 하는 것이 드라마의 본질이다.

 **어려움의 묘사**

시간적 흐름에 따라 성취를 위해 좌충우돌하는 과정을 밝혔다. 주의할 것은 신변잡기형 글쓰기가 되지 않게 하는 것!

여기에 등장하는 '나'는 나가 아니라 등장인물이다. 진짜 '나'는 TV드라마의 해설자의 역할을 해야 한다. 면접에서 대답할 때도 마찬가지. "제 생각은~." 이렇게 말하지 말고 등장인물의 생각을 해설하듯 "이런 생각을 하게 되었습니다.", "~부터 받은 첫 번째 인상이라는 것은"처럼 말해라.

자포자기, 방황을 나타냈다. 우리들의 글은 너무 똑똑하다. 감정도 없고 망설임도 없고 단호하다. 기계적이다. 방황과 좌절이 없는 도덕군자이다. 인사담당자들은 자기소개서에서 훈계를 듣고 싶은 게 아니라 우리들, 입사지원자의 생각의 흔적을 발견하고 싶어한다.

사랑 받는 것들은 이유가 있다

'황사에 구제역 실려 올라'

'황사에 구제역 묻어 올라'

'음메에! 황사'

사람이 주어가 아니라 가축이, 주어였다. 작년 구제역 때문에 집단도축의 공포를 맛본 소들이니 황사가 두려울 것이다. 목소리 하나로 그 날 지면은 생기발랄하고 가축적인(!) 분위기를 창출해 냈다.

__한겨레신문 권태호 기자의 월요편지에서

1_ 자기소개서의 표현 원칙

권태호 기자가 들려주는 제목 붙이기에 얽힌 사연은 "유려하고 참신한 문장"이라는 채점기준을 충족시키는 표현의 원칙을 "딱" 설명해 준다. 표현의 3원칙, '생기발랄', '압축' 그리고 '군더더기 없는 단정적 표현의 사용'을 위한 노력도 고스란히 살펴볼 수 있다.

생기발랄은 수수께끼편의 "분위기를 돋우는 단어 선택" 과 "실감성을 확보해라"의 원칙을 따르면 된다. 압축은 언어촬영의 Zoom Out, 그리고 군더더기 없는 단정적인 표현의 사용이란 부사와 인용의 자제, 수동태 문장의 사용금지, 육하원칙으로 표현하기를 뜻한다. 구체적인 것은 4장에서 신물나게 얘기하니까, 여기서는 요점만 찍고 간다.

2_ 사랑받는 자기소개서의 조건

"문단에는 주제문이 있고 부연 설명이 뒤따른다."

_스티븐 킹

문단의 시작, 서론, 본론의 시작은 문장화된 제목을 사용해라. 채점자의 사랑은 첫 문장 쓰기 나름이다.

제목은 표현의 3원칙을 충실히 지키고 있을 뿐 아니라, 좋은 주제문이 가져야 할 조건도 모두 갖추고 있기도 하다. 주제문은 우선 정의를 내리고 있으면 우선 Good!이다. 그리고 뒤에 나올 부연설명을 압축적으로 설명하면 Better, 거기에 상징성까지 곁들여지면 The best다. "음메에! 황사"를 뜯어 보면 3가지가 모두 포함되어 있다.

3 사랑받기 위한 연습

"새로운 시대는 새로운 것을 요구한다"는 엘빈 토플러의 말처럼, 21세기는 지난 20세기와는 다른 능력이 필요할 것으로 예상된다.

21세기에 갖추어야 할 능력에 대한 자기 견해를 논하시오.

나는 "TV, 책을 말하다"라는 프로그램의 제목에서 21세기의 성공의 법칙, 인재의 능력을 찾고 싶다.

베스트 주제문의 조건인 정의, 압축설명, 상징의 삼박자를 충족시키는 TV 독서프로그램의 제목을 가져다 썼다.

왜냐하면, 나는 "20세기는 책에 나온 지식을 빨리 현실에 적용하고, 현실로부터 얻은 지식을 책으로 정리하는 능력이 필요했다면, 21세기에는 작가, 연기자, 방송기기. 스폰서 등의 여러 가지 요소들을 조합하여 드라마를 창조하는 조합 능력, 모자이크 능력을 이 시대에 필요한 능력이라고 생각한다."는 논지를 펼치려고 하기 때문이다.

이러한 논지를 정의, 압축설명, 상징하는 것으로 "TV, 책을 말하다"보다 좋은 말이 또 있을까?

4 사랑받는 주제문을 만들려면

첫째 **빌려와라.**

땀내서 직접 만들려 하지 마라. 귀에 익숙한 걸 가져다 쓰는 게 효과적이다. 읽는이는 기존의 이미지를 통해서 설명하고자 내용을 쉽게 짐작할 수 있다. 누구나 알고 있는 베스트 셀러의 제목이나 유명인사의 명언, TV프로그램의 제목 등을 빌려라.

둘째 **물론 실감나는 단어여야 하고,**

말하자면, 짜집기를 통한 이론의 생성으로 요약할 수 있다.

나는 조합능력, 모자이크라는 말 대신에 강하고 직설적인 표현인 '짜집기'란 단어를 선택했는데, 강하고 직설적인 표현은 읽는 사람을 긴장시키는 효과가 있다.

셋째 **시각적이면 더 좋다.**

나는 21세기를 '이해<느낌'의 시대로 정의한다.

윗 문장처럼 뜻만 통하면 시각적으로 표현해라.

아무 생각 없이 주사위를 던진다. 그런데 말들이 스스로 움직인다. "오잉?" 하고 시시하게 여기던 여자친구도 다가온다. 그런데 무시무시한 말이 나타난다. "끝까지 가야 게임은 끝난다." "어?" 하는 사이에 차례는 돌아오고, 5가 나오자 "우왓!" 하고 쥬만지 속으로 빨려든다.

1_ 자기소개서의 전개 방법

영화 쥬만지의 "오우!", "어?", "우왓"이 글쓰기의 서론, 본론, 결론의 내용을 표현하는 의태어이다. 자기소개서 평가에서 좋은 점수를 얻을 수 있는 방법을 가르쳐 준다.

2 어떻게 하면 되는데?

"오우!", "어?", "우앗!"에 하나를 더 추가해 '나비 효과식 4
단계 작성법(?)'을 완성했다. 이것이 아리스토텔레스의 '기-
승-전-결'과 다른 점은 무엇일까? 바로 내가 쓴 글을 읽는이
의 반응과 감정에 연결시키는 것을 강조하고 있다. 단순히
모범답안을 쓰는 것으로 당신이 원하는 것을 얻을 수 있는
것이 아니다. 자, 그럼 중국의 나비가 태평양을 건너 미국의
플로리다에서 어떻게 태풍을 만드는지 과정을 보도록 하자.

 **애벌레의 탄생**

애벌레는 태어나자마자 자신의 알 껍질을 먹는 것으로 생
명을 시작한다는데, 자기소개서는 어떻게 시작할까?

"영화의 줄거리…"에서 연습한 대로 자신의 경험담이나
다루고자 하는 주제와 밀접한 인물로부터 이야기를 시작하
면 된다. 이렇게….

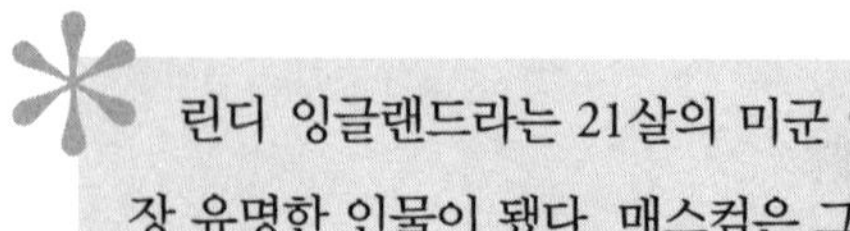

린디 잉글랜드라는 21살의 미군 이등병이 세계에서 가장 유명한 인물이 됐다. 매스컴은 그를 '악녀', 또는 '악의 화신'이라고 부르고 있다.

이라크의 아부 그라이브 교도소에서 근무하던 그는 이라크 포로들을 학대하는 몇 장의 사진이 공개됨으로써 '악녀'란 낙인이 찍혔다. 그는 사진 속에서 벌거벗은 포로들을 희롱하고, 포로의 목에 개처럼 줄을 매어 끌고 다니기도 했다.

웨스트 버지니아의 미네랄 카운티에서 철도노동자의 딸로 태어난 린디는 '훌륭한 학생'으로 고교를 졸업했고, 졸업 후 하이마트에서 일할 때는 모범사원으로 뽑히기도 했다. 그가 군에 입대한 것은 대학에 진학할 돈을 벌기 위해서였다. 기상학자가 되는 것이 그의 꿈이었다.

린디는 이라크에서 기술부사관 찰스 그래너를 만나 약혼했고, 현재 임신 4개월이었다. 그들 두 사람은 이라크 포로를 학대하며 함께 찍은 사진들이 세계에 유포됨으로써 유명한 '악인 커플'이 됐다.

__한국일보 장명수 칼럼에서

이라크 포로의 고문 사실의 비난이라는 뻔한 주제를 가지고 어떻게 독자들의 호기심을 유발하는지 주목해라.

린디의 개인사로 시작된 칼럼은 '악녀'의 이미지와 "손님, 봉투 드릴까요?", "마일리지 카드 있으세요?"의 슈퍼마켓 처녀의 이미지 사이를 오가며 우리로 하여금 전쟁이 가져온 개인의 비극을 온몸으로 느끼게 만든다. 반면, 다음의 예문은 어떤가 보자.

➡ 대립구조를 설정하고 있다.

✳ '조지 오웰'의 『1984』는 가히 전체주의 사회에 대한 해부라고 할 수 있을 만큼 작품 전반에 걸쳐 통렬하게 권력과 억압, 지배와 통제의 관계를 그려내고 있으나 역시 그 압권은 '윈스턴'과 '오브라이언'의 대담 부분이다. 가혹한 고문과 학대. 이것은 고문하는 자에게 있어서 비자발적인 자백을 목표로 하는 것이 아니었으며, 극단적인 공포는 고문당하는 자로 하여금 정신의 마비를 통한 왜곡되고 자발적인 고백과 전향을 야기한다. 그리고 고문하는 자는 일갈한다. 역사적으로 모든 과두정치체제가 실패한 원인은 외적으로나마 그들이 국민을 위한다는 행보를 취하는 과정

에서 허점을 노출시켰기 때문일 뿐이라고…. 그러나 그들
의 당은 권력 그 자체만을 위한다고…. 때문에 빅브라더에
게 있어 고문은 수단이 아니라 목표라고….

　이라크에서 미군에 의해 자행된 포로학대 문제는 전쟁
의 부수적인 현상을 넘어 전쟁의 본질의 영역으로 옮겨왔
다. 처음에 사건을 미군 병사들의 산발적인 도덕 불감증의
문제로 국한시키려 했던 모든 시도들은 이제 미군 정보수
뇌부와 정보당국의 개입설에 당황하고 있다. 처음부터 전
쟁의 명분은 옳지 못했던 것이었음에도 이미 시작되어 버
린 전쟁에 대해 '어쩔 수 없이' 본질을 비켜가는 비판만을
허용받았던 상황들도 점차 반전되어 가는 양상이다. '부
시'는 집권 이후 최대의 정치적 위기를 맞이하고 있으며,
'럼스펠드'의 사임 여부에 온세계가 주목하고 있다.

—중앙일보 디지털 블로그에 올라온 글

　시작부터 조지 오웰의 1984에 나오는 '윈스턴'과 '오브
라이언' 인용으로 고문의 본질로 바로 들어가면서 "오우!"
가 아니라 머리가 무거워 "휴—"가 절로 나온다. 그런데 계
속해서 전쟁의 본질, 부당한 전쟁, 집권위기, 럼스펠드 사임

46

등으로 머리가 무거운 상태를 지나 이제는 우울해질 지경이
다. 호기심은 간데 없다. 쥬만지로 치면, 벌써 사자며, 코끼
리며, 식인꽃까지 전부 나왔다. 이제 영화는 '끝'만 남았다.

→ 대두단족(大頭短足)의 구조다.

얼굴은 작고 갑빠는 빵빵하고 허리는 잘록하며 다리는 미
끈해야 꽃미남소리를 듣는다. 김남주라는 연예인은 제일 싫
어하는 남자스타일이 대두단족이란다.

이에 비해서 장명수 칼럼의 독자들은 주말이면 가족들이
함께 가는 아울렛 마트의 아르바이트 여학생의 모습에 진저
리치기에 바쁘다. 다른 건 생각할 틈도 없다. 럼스펠드는 아
예 알지도 못하는 사람이다.

 **민들레 홀씨 되어**

성장한 애벌레는 후손을 남기기 위해 이 꽃 저 꽃을 날아
다닌다. 개중에는 민들레 홀씨처럼 바람을 타고 멀리 멀리
날아가기도 한다. 중국에서 황사와 함께 한국으로.

부시 대통령은 "이 사건이 일반적인 미국인의 품성을

반영하는 사건이 아니다”라고 변명했다. 그렇다면 린디는 특별히 악인의 기질을 타고났을까. 평범한 시골여성이 전쟁의 광기와 증오에 휩쓸려 이성을 잃었던 건 아닐까.

린디의 운명은 동갑내기인 제시카 린치와 비교된다. 린디와 같은 웨스트 버지니아 출신으로 고교 졸업 후 대학 학비를 벌기 위해 입대했던 제시카는 작년 3월 나시리아 전투에서 이라크 군에 잡혔다가 구출됐다. 이라크전의 ‘영웅’이 필요했던 미국은 제시카 린치를 영웅으로 띄웠다.

미국인들은 이라크전과 함께 두 여군의 이름을 영원히 기억하게 될 것이다. 한 사람은 ‘영웅’으로, 또 한 사람은 ‘악녀’로 기억될 것이다.

_장명수 칼럼

다시 대립구조의 등장이다. 나쁜 나라 다음에 좋은 나라의 등장! 그런데 폭소클럽의 신인들 말마따나 식상하게 나쁜 놈을 더 나쁘게 보이게 하는 대립이 아니라 좋은 놈이 등장해서 나쁜 놈이 덜 나쁘게 보인다. 나는 제시카와 비교되는 린디가 가여워 죽겠다. 어느 날 아침, 린디를 옹호하는 대화를 하는 사람을 발견했다면 그 사람은 한국일보를 봤을 게 틀림없다.

이것으로 끝이 아니다. 등장 인물의 소개가 끝나면 사건이 본격적으로 시작되는 것을 드라마에 길들여져 다 알고 있는 독자들은 침 "꼴깍" 넘기며 기대한다. "앞으로 뭐가 나올까?"

고문은 정상적인 대화나 그 결과로서 도출되는 타협의 과정이 불가능하다는 전제하의 비논리적 구조 속에서 태어나는 기형적인 합의의 수단이다. 이성에 입각한 판단에 기반한 화해가 아닌 몰인격적 강요이자, 어떤 거창한 명분 앞에서도 결코 용인될 수 없는 범죄이다. 역사적으로 고문이 없었던 때는 없었겠고, 고문은 전쟁을 포함한 현실 정치의 과정에서 암묵적으로 용인되는 수단이었다. 하지만 그것은 명백한 범죄이며 비극이고 야만이다.

_중앙일보 디지털 블로그

성룡 영화는 꼭 끝나면 NG를 한참 동안 보여준다. 그 꼴이다. 벌써 다 읽은 얘기에 단어 배열만 살짝 살짝 바꾼다. 한 번은 통한다. 성룡 영화는 재미나 있고, 그 장면을 기대하기도 하지만 무거운 얘기를 반복하면 어떨까? 잽싸게 클릭해서 다른 블로그로 간다.

→ 당신의 자기소개서는 쓰레기통으로 갈지도 모른다.

 **상승기류 발생**

하필이면 수억 마리의 나비가 한꺼번에 동시에 날갯짓
을 해서 동해안 상공에 제트기류를 발생시킨다.

> 린디는 역사의 수레바퀴에 치었다. 그녀는 왜 자신이 그
> 렇게 되었는지 새겨볼 틈도 없이 바퀴에 깔렸다. 목에 줄을
> 맨 채 개처럼 끌려 다니던 벌거벗은 이라크인이 상처받고
> 파괴되었듯이 린디의 생도 처참하게 망가졌다. 기상학자를
> 꿈꾸던 21살 여자를 이제 그 누구도 1년 전으로 되돌려 줄
> 수 없다.
>
> _장명수 칼럼

린디는 이제 마녀사냥의 희생양인 잔다르크의 수준까지
올라왔다. 이런 비약은 이야기의 진행속도를 높인다. 독자
의 기대와 수준을 유지시키는 '싹둑 자르기'를 적절히 사용
하고 있다. 영웅과 악녀의 대립구조에서 마녀사냥의 희생
양! 역시 노련한 칼잡이다. 아까는 우리들의 마음을 베더니

50

지금은 역사를 베면서 이야기의 가속페달을 밟아 나간다.

　　이제라도 미국은 그들이 행한 참담한 행위에 책임을 져야 한다. 친미정권의 수립과 그에 따른 중동 지배에 대한 야욕을 거두고, 진정한 유일 초강대국의 길은 지배가 아닌 리더십이라는 '브레진스키'의 충고를 따라야만 한다. 현실 정치에서, 특히 국제정치 하에서의 소위 '힘의 논리'라는 것을 이해하고 인정한다 하더라도 작금의 상황은 미국에 그 책임을 엄중하고 단호하게 묻고 있기 때문이다. 이라크, 더 나아가 전 이슬람권에 비수를 꽂아 역사에서 야만의 제국으로 남으려는가. 이미 이집트, 사우디 등의 친미 아랍국에서까지 비난의 목소리가 요동치고 있는 현실이다.

_중앙일보 디지털 블로그

할 수 없이 까대기로 나왔다. 그것도 다시 인용을 등장시켜서. 인용이 반복될수록 자신의 주장은 묻혀짐을 알아야 한다.

이제 이라크 고문에 대한 필자의 생각의 흔적은 파묻히고 열심히 이 얘기, 저 얘기를 짜집기한 사람이 되어 간다. 짜집기는 새로운 것을 창조할 때, 가치를 발휘한다. 그렇지 않

으면 피부 트러블로 화장 안 먹는 얼굴을 감춘답시고 색조
화장으로 이것저것 떡칠한 꼴이 된다.

 **태풍의 눈**

그것은 그의 책임인가. 그가 악인이므로 자신의 악행에
전적으로 책임을 져야 할까. 병사들의 '마성'을 이용해 적
을 고문케 하고 정보를 캐내고자 했던 세력은 책임이 없을
까. 국가는, 럼스펠드와 부시는 어디까지 책임을 져야 할까.

> 부시는 럼스펠드 해임을 거부했다. 그는 옳지 않다. 고
> 문당하고 모욕당한 이라크인들에게, '숭고한 전쟁'이라는
> 미국의 주장에 동의했던 우방들에게, 전쟁의 광기가 만들
> 어 낸 린디라는 악녀로 상처받은 미국인들에게, 그는 어떻
> 게든 용서를 구해야 한다. 부시와 럼스펠드는 사태의 심각
> 성을 직시해야 한다. 럼스펠드 해임은 최소한의 조치다.
>
> ＿장명수 칼럼

책임의 소재는 광범위하고, 사과해야 할 것은 거의 인류
전체다. 슈퍼마켓 소녀, 린디의 삶으로부터 출발해 국가의

책임에 대한 근본적인 물음과 인간의 존엄성에의 상처로까지 발전했다. 마치 부시와 럼스펠드는 이라크의 적이 아니라 인류의 적이 된 느낌을 준다. 웨스트 버지니아의 시골처녀 이야기에서 시작해서 인류의 적으로 마무리된다면, 애벌레에서 태풍으로가 과장이라고 말하기는 어렵지 않을까?

지금이라도, 그간 많은 과오에도 불구하고 자유와 민주주의 그리고 청교도주의적인 건전함을 그 축으로 세계 역사의 한 방향을 이끌어왔던 독립혁명에의 정신으로 돌아가야 한다. 도덕적으로 정당화된 리더십으로 그들의 힘을 통제할 수 있게 될 때 다시금 세계는 미국적 가치의 가능성에서 희망을 보고 또 그 희망을 인정할 수 있을 것이다.

새로운 세계질서의 좌표들에 말뚝을 박기 위해, 예방적 차원의 공격에 대한 미국의 권리를 주장하고 그리하여 미국의 지위를 유일무이한 세계 경찰의 지위로 끌어올리기 위해 이라크를 구실이나 혹은 본보기로 사용하는 것. 이 메시지는 이라크 국민에게 보내진 것이 아니었으며, 일차적으로는 전쟁을 목격하는 모든 사람들에게 보내진 것이었고, 그 메시지의 진정한 이데올로기적이고 정치적인 표적은 바로 우리 모두라는 '지젝'의 지적에 미국은 눈을 돌

려야 할 때이다. 전세계가 그들이 사용하는 야만의 언어에
전율하고 있다.

—중앙일보 디지털 블로그

"결론은 항상 상식적이어야 한다"는 마무리의 법칙은 지켰다. 장명수 칼럼과 같은 결론을 내린다. 그러나 지젝의 인용으로 끝까지 남의 이야기다.

→ 자기소개서는 남의 얘기를 늘어놓는 곳이 아니다. 자신의 얘기를 써라.

제2장 이수일은 심순애를 어떻게 유혹했나

"여성을 위해 태어났다고 자각한 나는 여자를 사랑할 뿐 아니라
그 여성들로부터 사랑 받고자 언제나 최선을 다했다."

— 카사노바

눈높이가
시작이다

취업컨설턴트의 말은 아마도 머리 터지게 대기업에만 몰리지 말고, 중소기업에라도 취업하라는 의미 같다. 그런데 눈높이란 단지 고개 숙이고, 허리를 굽히는 것만을 의미하는 것일까?

1_ 눈높이, 정보가 있어야 맞춘다

TV프로그램에 이런 게 있다. 한 어린이가 어떤 단어를 읽고 난 후, 그 단어에 대해서 상징적으로 표현을 한다. 그러면, 두 팀으로 패를 나눈 연예인들이 야단법석을 떨며 어린이가 상징적으로 표현한 단어가 무엇인지를 맞추는 게임 말이다. 그런데 때로는 단어에 대해서 우리 어른들이 일반적으로 갖고 있는 생각과 어린이들의 표현이 너무 너무 다른 경우를 볼 수 있다. 단어 맞추기 게임에 참가한 연예인들이나 TV를 통해 지켜본 우리 모두는 어린이들이 왜 그렇게 표현했는지에 대한 설명을 듣고는 박장대소를 하며 황당해 하거나 고개를 끄덕이며 "그렇구나!" 한다.

이 프로그램에서 단어 맞추기를 잘하는 연예인들은 사람들을 웃기기 위해 노심초사하며 연구를 한다는 개그맨들이거나 또래의 어린이를 자녀로 둔 경우이다. 즉, 어린이의 생활을 양육을 통해 알고 있거나, 웃기기 위해 사람의 심리나 세상 돌아가는 이야기에 끊임없이 귀 기울이며 유행어를 만들어내서 "뜨려고" 노력하는 사람들이다.

소비의 심리학이라는 책의 서론은 "소비자를 아는 기업만이 마케팅 게임에서 살아 남는다"는 목차로 시작된다. 채용시장에서는 면접관이 당신을 구매하는 소비자다. 그리고

당신은 생산자이자 상품이며 판매자이자 마케터다. 당신은
어떻게 해야 할까?

"그들의 니즈, 욕망, 열망에 대해서 앎으로써 그들이 원
하는 사람들이 될 수 있고, 그들이 추구하는 것을 이룰 수
있도록 도와줄 수 있다"고 소비의 심리학의 저자들은 강조
한다.

2 What to know?

"그들의 입장에 서서 그들이 스스로를, 자신들의 세
계를 어떻게 보는지, 또 어떻게 사물에 대해서 배우는
지, 그리고 왜 그들이 특정한 의견이나 선호를 갖게 되
는지 알아보자."

역시 소비의 심리학의 저자들이 "소비자의 심리를 사로
잡고 싶다면…"이란 목차에서 말하는 것들이다. 그럼, 당신
이 당신을 팔고 싶어하는 그들에 대해서 당신은 무엇을 알
아야 할까?

〈Global Standard 사회 체제 변화에 따른 기업체제의 변화〉

사회체제의 변화

부 문	Concept Key Word	변화	Concept Key Word
정치 및 정부	중앙정치 중심 소수 엘리트의 지배	→	지방분권 중심으로 다수의 이익세력의 다원적 지배로
경제부문	경쟁력: 재화의 이동 생산: 토지, 노동, 자본 소유: 소유의 시대 근무구조: 대형/단일지역	→	정보의 이동의 속도가 좌우 정보의 지식사회로 이동 접속(access)의 시대로 다국적 산업/재택근무의 확산
사회구조	수직화 사회 개인화 시대	→	수평화 사회 커뮤니티의 시대
문화구조	<u>포스트모더니즘의 대두</u> 이성의 시대		감성의 시대
의사결정	리더 중심		다원화/개별화

기업체제의 변화

부 문	Concept Key Word	변화	Concept Key Word
생산체제	분업형/컨베이어형	→	상호연결/모듈형
조직체제	수직적	→	수평적
경영관리 체제	표준화 관리	→	목적별 성과 관리
판매 및 구매 체제	푸시형/Just in time	→	맞춤형
고객대응체제	assemble to respond	→	sense to repond
기업 경영 전략	세계화		현지화

소비의 심리학이란 책의 저자들이 말하는 것, 즉, 기업이 어떠한 상태에 있는지 그리고 그들이 선호하는 것은 무엇인지를 알기 위해서 세상에 떠도는 화두를 사회 및 기업을 구성하는 각 부문별로 모으고 분류했다. 그리고 이러한 화두를 해결할 필요가 있는 기업은 어떤 능력을 가져야 하는가를 생각해 보았다. 왜냐하면 기업은 인재를 구매하기 위해서 면접이란 시장을 만들고 지원자라는 상품들을 끌어 모았기 때문이다.

그들은 이제 그들이 작성한 쇼핑 리스트에 따라 상품들을 장바구니에 집어넣게 된다. 그러므로 당신들이 알아내고야 말아야 하는 것은 기업의 쇼핑리스트이다. 그래서 "당신이 필요로 하는 것은 이거죠?" 하고 쏙쏙 내밀 준비를 면접 전에 하라.

3 구슬이 서말이라도 꿰어야 보배다

노출-자극-감지-주의-지각-보존-회상-적용

이것은 소비자의 정보 처리 프로세스다. 이 프로세스에 따

르면, 소비자인 면접자는 노출단계에서 당신을 처음 만나게
된다. 당신은 무엇을 노출시켜 "파-악"하고 당신과 처음 만
나는 소비자를 자극시켜야 할까? 힌트는 아래에 주어지는
10개의 인재유형, 즉 면접자의 쇼핑리스트가 될 수 있겠다.

1. 균형적 사고와 문화적 교양을 갖춘 Generalist형 인재

2. 정보의 수집/획득/활용/융합/재창조가 가능한
   Information literacy형 인재

3. 미디어 리터러시를 갖춘 커뮤니케이션형 인재

4. 협업·조정·설득을 통한 Process 관리형 인재

5. 고기술·고숙련의 전문가형 인재

6. 지역특화 전문가형 인재

7. 문제설정 – 추론 – 해결의 Problem-Solving형 인재

8. 분야와 분야의 연결/합병/접속의 통합적 사고형 인재

9. 감각적/이미지적/직관적 사고형 인재

10. 국제화의 목적형/통합형 인재

   10가지 인재형은 앞서 정리한 사회의 변화에 따라 기업이
변화해야 할 방향으로부터 추출한 것이다. 당신은 면접에서
이런 능력을 가진 인재로 보여야 한다. 그러나 서말의 구슬

을 다 꿰려면 시간도 많이 걸리고, 다 꿴다 하더라도 무거워서 어느 누구도 어깨에 걸 수가 없는 물건이 되고 말 터. 소비자의 정보프로세스를 고려해 가면서 노출의 포인트를 선택하는 것이 눈높이 맞추기의 시작이다.

→ 단지 "~인 체"해서는 결과는 오히려 마이너스가 될 위험이 있다. 10가지 가운데 자신이 가지고 있는 능력을 냉정히 판단해라. 만약 시간이 있다면, 어떤 것을 노력과 학습을 위해서 갖출 수 있는 능력인지도 판단해라. 그리고 어떤 예상질문에 어떤 능력을 보여줄 것인지를 선택하고 조합해라. 그리고 전체적으로 나는 어떤 인재형으로 보일 것인가의 목표를 정해라.

면접관의 빨간펜은
생각의 방법을 채점한다

형사소송법 시험에 '피의자의 보전에 대해 논하라'는 문제가 나왔다. '피의자의 보전'은 듣도 보도 못한 개념이었다. 형사소송법을 아무리 열심히 공부한 사람도 그 뜻을 알 수 없기는 마찬가지였다. 형사소송법 책에는 없는 개념이었기 때문이다.

그래서 아예 '피의자의 보전'을 '피의자의 보호'라고 추측하고 답안을 쓴 사람도 많았다. 나는 그들과는 달리 '증거 보전'처럼 피의자가 도망가지 못하게 하거나, 피의자가 증거를 없애지 못하도록 잡아두는 것이 아닐까 판단했다. 피의자 보전이란 구속과 비슷한 상황을 이르는 것일 테고, 거기에다 내 주관적인 견해를 덧보태어 답안을 써냈다.

1 질문 이해의 법칙

지금은 정치인이 된 변호사의 사법시험기(記)는 면접관의 질문을 이해하는 핵심내용을 담고 있다. 이해의 방식은 2가지가 있는데, 첫 번째는 "내가 알고 있는 것과 비슷한 것 고르기 방식"이고, 두 번째는 "나를 이해할 대상에 맞추기 방식"이다.

2 제발, 쉬운 말로 부탁해!

예문에 나온 '피의자의 보전'을 '피의자의 보호'로 추측하는 것이 "내가 알고 있는 것과 비슷한 것 고르기 방식"의 전형인데, 이 방식은 이런 생각을 만든다.

"나는 형사소송법 책을 깡그리 외웠다. 지금 눈을 감고 목차부터 외우라고 해도 다 외울 수 있다. 절대 이런 용어는 책에 없다. 분명 피의자의 보호의 '보호'가 '보전'으로 오타가 난 것이다. 나중에 신문에 대문짝만하게 나겠군."

이 방식은 이해의 기준이 배운 것, 책, 기출문제와 예상문제에만 있다. 그럼, 합격으로 이끈 이해의 기준은 어떤 것이었을까?

"피의자란 법적인 용어다. 시쳇말로 범인. 판사나 검사를 뽑는 사법시험은 기본적으로 죄를 지은 사람을 잡거나 처벌을 결정하는 일을 하는 직업이다. 그러므로 피의자의 보호에 대한 문제보다는 피의자를 처벌할 법적 정당성에 대한 지식과 소양을 얼마나 갖고 있는가를 묻는 것이 사법시험의 본질이다. 처벌을 위해선 무엇보다 증거가 중요하다. 피의자의 보전은 증거확보와 관련된 문제임이 틀림없다. 그렇다면 내가 알고 있는 법적 사실 가운데 증거와 관련된 것이 무엇인가? 증거보전. 그래, 증거보전을 넓게 해석하면 피의자야말로 증거 자체 아닌가? 증거보전에 관한 법적 지식을 인용하여 피의자의 보전에 대하여 논술하자. 그리고 작성. 다 쓴 뒤, 뭔가 허전하다. 판례도 없고 법조문도 그렇고 확실한 게 없다. 그래, 여기서 내가 피의자 보전을 위한 법조문을 만든다고 생각하고 내 생각을 적자. 어차피 떨어질 거.”

즉, 주인공의 생각은 나를 이해할 대상에 맞추는 논제이
해의 방식에서 비롯된다.

3 합격을 만드는 생각의 방법

1단계 범인의 입장에서 생각해라

주인공은 “출제자가 잘못했을 리가 없다. 내가 공부가 부
족해 모르는 것이다”는 생각에서 출발했다.

2단계 증거를 수집해라.

주인공은 ‘피의자의 보전’이라는 단어의 기본 개념에 주
목했다. 생각을 만드는 증거는 단어다.

3단계 함정을 피해라

내가 알고 있는 지식과 질문의 차이를 확인해라.

4단계 사건기록을 엑셀로 정리해라

영화, 『살인의 추억』에서의 송강호의 수사야말로 전형적

인 '내가 알고 있는 것과 비슷한 것 고르기 방식'이다.

당신은 "모든 것은 컴퓨터에 있다!"는 신조의 김상경을 닮아야 한다. 그의 행동은 질문 이해하기의 귀감이라 할 만하다. 질문의 핵심단어와 비슷한 나의 지식을 정리해라.

5단계 비슷한 범행수법을 찾아라

주인공은 "피의자 = 범인, 검사는 증거에 의해서 범인을 벌해야 한다 = 최고의 증거는 피의자다"는 출제 문제의 단어를 둘러싼 법률적 지식을 하나 하나 찾아낸다.

6단계 범죄를 재구성하라

지금까지 수집한 증거와 자료를 1장에서 배운 유혹하는 쓰기 및 말하기의 5가지 방법을 동원하여 '답하기'의 설계 작업에 들어간다.

면접관은
방법론을 사랑해!

1_ 면접에서 말하는 방법

방법론이란 "주장과 주관이 담기는 틀"로 이해하면 된다. 그러니까 방법론은 판도라의 상자인 셈이다. 상자 안에는

주장, 예, 지식 등이 들어 있는데, 상자를 빠져 나온 주장이
나 예, 지식은 면접관의 사랑을 잃게 된다.

2 방법론에 목매는 사연

"제시문 [가]와 [나]에는 오늘날 우리 사회의 공통적 문화
현상에 대한 상이한 두 가지 견해가 나타나 있다. 이에 대한
자신의 견해를 [다]를 토대로 하여 논술하라."

대학 논술고사에 나왔던 문제다. 이것을 예로 면접관의
질문 구조를 이해해 보자.

어떤 일정한 틀	문화현상을 바라보는 나의 견해
어떤 사실	제시문 가, 나의 견해
결 과	원래의 견해가 가, 나와의 상호작용에 따라 첫째, 나의 견해가 바뀌는 결과의 도출, 둘째, 기존의 나의 견해를 더욱 강화된 결과의 도출, 셋째, 나의 견해로 가, 나 어느 쪽을 비판, 지지의 결과 등 복 수의 결과들이 도출된다.

이렇게 면접관의 질문 자체가 방법론적으로 되어 있으

니까, 합격하고 싶다면 방법론에 목을 안 맬 도리가 없다.

3 방법론 이해하기

> "악녀와 영웅"
>
>   린디 잉글랜드라는 21살의 미군 이등병이 세계에서 가장 유명한 인물이 됐다. 매스컴은 그를 '악녀', 또는 '악의 화신'이라고 부르고 있다.
>   이라크의 아부 그라이브 교도소에서 근무하던 그는 이라크 포로들을 학대하는 몇 장의 사진이 공개됨으로써 '악녀'란 낙인이 찍혔다. 그는 사진 속에서 벌거벗은 포로들을 희롱하고, 포로의 목에 개처럼 줄을 매어 끌고 다니기도 했다.
>
> __장명수 칼럼

장명수 씨의 "악녀와 영웅"이라는 칼럼은 이라크 포로 고문을 '정치권력이 개인의 삶에 끼친 영향'이라는 '상자' 즉, 방법론을 통해서 탄생했다. 무슨 말인고 하면,

너　　"왜 그녀는 악녀가 됐는데?"

나　　"정치권력 때문에."

너　　"왜 미국 시민은 가슴에 상처를 입었는데?"

나　　"정치권력 때문에."

　이렇게 그녀의 글에 담긴 모든 주장을 수렴하는 하나가 존재하는데, 이걸 우리는 '주제'라고 한다. 그리고 이 주제는 "정치권력이 개인의 삶에 끼친 어떤 영향을 미치고 있을까?"라는 생각 틀을 가지고 개인의 삶과 미국 시민의 가슴을 들여다본 결과에 의해서 만들어진 것이다. 이 틀 안으로 '린디'라는 개인의 삶을 집어넣으면, 악녀라는 결과가 나오고 '제시카'를 집어넣으면 영웅이 나온다.

　이 틀을 가설이라 부르는데, 어떤 일정한 '틀', 즉 가설을 세우고, 가설의 조건에 맞는 사실들을 틀 속에 밀어 넣고, 조건과 사실의 관계에 따라 결과들을 도출하는 과정 전체를 세우면 방법론이 만들어진다.

4 좀 쉽게 이해할 순 없을까?

면접시험에 "중국집에서 짜장면과 짬뽕 가운데 어떤 걸
먹겠느냐?"는 질문이 나왔다. 말대답은 물론, 방법론을 이
용하는 것이 채점자의 사랑을 받는 묘약이다.

묘약을 먹여주기 전에 한 가지 설명해둘 것이 있다. 만약
이런 황당한 문제를 접하면, "아! 문제 비틀기구나" 하고 생
각하라는 것이다. 그러니까 면접에서 잘 나오는 "~한 경우
가 있다. 만약 ~라면 어떻게 행동하겠느냐?" 식의 문제는
선택의 합리성을 평가하기 위해 출제된 비틀기형 문제로 이
해하란 말씀이 되겠다.

그럼, 방법론적으로 말대답하는 법을 배우자. 선택은 양
비론적인 "저는 짬짜면을 먹겠습니다"로 했다. 황당한 문제
일수록 방법론으로 말해야 사랑을 듬뿍 받을 수 있다.

"저는 이 질문을 '어떤 선택이 합리적일까?'의 관점에서
바라봤습니다. 인생이란 항상 선택의 연속과정이라고 들었
기 때문입니다. 지금 이 순간의 선택은 객관적으로 맛있는
걸 선택하거나 먹고 싶은 걸 선택하는 것을 의미합니다. 그
런데 저는 이 중국집에서 한 번도 음식을 주문한 적이 없기

때문에 '어느 쪽이 더 맛있는가?'에 대한 경험적 데이터를
가지고 있지 못합니다.

　이럴 때 자칫 어느 한 음식을 선택하고, 맛이 없으면 배가
고프지 않는 저에게 음식의 효용은 0입니다. 최악의 선택이
죠. 그러나 다행히 이 집에는 짬짜면이 있습니다. 저는 망설
임 없이 짬짜면을 선택했습니다. 왜냐하면 짬짜면은 다음과
같은 합리적 선택의 조건을 갖추고 있기 때문입니다.

　첫째, 이 집의 짜장면과 짬뽕에 대한 경험을 1회에 쌓을
　　수 있다는 점입니다. 선택은 다음 선택에 도움을 주
　　어야 하는 것이 합리적 선택의 최소한의 조건이기
　　때문입니다.

　둘째, 최소한 50%의 효용이 보장됩니다. 예를 들어, 짜장
　　면이 맛이 있고, 짬뽕이 맛이 없을 때, 제가 짬뽕을
　　선택하면 효용은 0이 됩니다. 선택은 위험을 회피
　　하는 것이 좋습니다. All or nothing의 이른바 올인
　　방식은 리스크가 크기 때문입니다."

면접관은
검사처럼 질문한다

A 거기에 대해 증인 나름의 의견을 가지고 있습니까?

B 아니오. 유전은 내 전공분야가 아닙니다.

A 그러니까 "유전이 흡연과 폐암과 관련이 있느냐? 없느냐?" 하는 문제에 대해서 "예"나 "아니오"라고 대답할 수 없다는 겁니까?

B 할 수 없습니다.

A 그럼 이 보고서의 연구를 지지하는 사람들과 논쟁하지도 않겠군요?

B 그 보고서는 어떤 입장도 갖고 있지 않습니다.

A 이 연구를 수행한 전문가들을 아십니까?

__존 그리샴의 소설, 「사라진 배심원」에서

1. 면접에 임하는 방법

예문의 소설은 면접 시험에 임하는 '입장의 법칙'을 잘 묘사하고 있다. 조금 있으면 우리는 난생 처음 인생을 건 대화를 해야 할 입장이다. 대화하는 법을 명수에게 배우자.

2. 면접은 이렇게 하는 것

신입기자 선발의 평가위원장을 맡았던 한겨레신문 권태호 기자가 월요편지에 실었던 기자지망생에게 주는 조언이다.

"허점을 파고들며 이를 공격했습니다. 면접장이어서 긴장한 탓인지, 예상보다 더 당황하는 빛이 역력했습니다. 그러나 허점을 찔리더라도 안절부절할 필요는 없습니다. 바람직한 것은 나를 공격하는 면접관을 설득시키는 것이 가장 좋고(맞받아 공격하는 것도 나쁘진 않지만 면접관에 따라 반응이 달라질 수도 있으니 삼가는 편이 좋을 듯합니다), 순간적으로 대응논리가 떠오르지 않으면 자신의 생각을 담담하게 설명하는 것이 그 다음이고, 아무 것도 생각이 나지 않으면 그저 면접관의 말에 동의를 표하고 '앞으로 그 점에 대해 많이 고민해 보겠습니다' 정도로 이야기하면 됩니다. 쩔쩔 매면서 중언부언하며 억지논리를 끄집어대는 것은 실점 요인까진 아니지만, 득점 요인은 되지 못합니다."

"특정한 의견이나 주장을 말할 때는 그것의 정당성이나 타당성을 입증할 수 있는 적절한 논거를 제시할 수 있어야 한다. 의견이나 주장에 대한 질문을 받을 경우 일반적으로 '저는 그것에 대해 ~라고 생각합니다. 왜냐하면 ~이기 때문입니다. 구체적인 사례를 들어 말씀드리자면 ~는 것이 있습니다. 이런 저의 생각에 대해 ~때문에 반박당할 수도 있을 것입니다. 하지만 그런 반박은 ~문제점이 있습니다. 그래서 저는 ~하다고 생각합니다'와 같은 구조로 대답하는 방법도 있다."

"다음, 답변은 짧게 하십시오. 답변을 길게 하지 않더라도 면접관은 무슨 말을 하려는지 다 압니다. 한 사람에게 주어진 시간은 5~7분 가량입니다. 답변을 길게 해버리면 궁금한 점이 있어도 묻지 않고 지나갈 수 있습니다. 오히려 내게 불리한 질문은 짧게, 내게 유리한 질문은 길게 하는 편이 약삭빠른 면접자세일 수 있으나, 일부 수험생들은 오히려 그 반대로 행동하기도 했습니다."

 제3장 말과 글에서 자동판매기의 인상을 지우는 방법

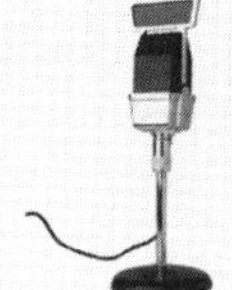

"글쓰기는 창조적인 잠이라고 말할 수도 있겠다."

— 스티븐 킹

스티븐 킹이 인기작가가 된 이유

하루살이가 공중교미의 대가들이라는 연구결과가 얼핏 떠올랐다. 파리 너마저…. 피식 웃음이 나왔다. 인간들이 공중에서 정사를 한다면 비행사나 스튜어디스가 가장 멋지게 성공을 할 수 있을까. 도를 닦는 사람들이 한다는 공중부양도 그럴듯한 그림을 제공했다. 아니면 무예의 달인들이 벌이는 공중정사장면만 전문적으로 찍는 포르노가 탄생할까? 손오공의 근두운을 러브호텔로 바꾸면 어떨까? 삼장법사가 카운터를 보고 저팔계는 주차요원으로 사오정은 정액으로 얼룩진 시트를 세탁하는 상상. 이름하여 '날아다니는 러브호텔.'

_미디어 몹, 백반님의 블로그에서

1_ 알고 보면 간단한 창의성 뽐내기

공중정사장면 포르노! 만약 모바일로 서비스한다면, 단숨에 인기와 돈을 한꺼번에 모을 유니크한 생각이다. 어떻게 이런 생각을 하게 됐을까? 이제는 익숙해졌을 생각의 재구성에 들어가 보자.

> "파리가 공중교미의 대가라지. 그럼 인간들 중에 공중교미의 대가는 누굴까? 스튜어디스? 아니지. 몸이 진짜 공중에 떠있는 도인들이 있는데? 그런데 도인과 섹스는 신성모독에 가까우니까 빼고. 아! 소림 축구가 있었네. 무예의 달인들이 벌이는 공중정사 포르노! 재미있는데…. 공중 포르노의 무대는 어디로 할까? 비행기? 애드벌룬? 전부 별로인데…. 그래, 손오공의 근두운! 삼장법사는 카운터를 보고…. 재미있는데 후훗."

◉ 생각의 재구성 해설

유니크한 아이디어 "날아다니는 러브호텔"의 근원은 '파리는 공중교미의 대가'라는 정보 또는 지식에서 시작된다. 파리에서 인간으로 넘어오는 것은 본능. 이제 공중과 연관된 정보 또는 지식들 가운데 제일 독특한 것들을 차례차례 떠올린다. 주성치의 소림 축구가 있다. 그림이 나온다. 주성치가 공중에서 섹스하는 것을 생각하면 웃음이 터져 나온다. 웃고 난 뒤에는 주성치의 생각이 아닌 내 생각이 될 만한 다른 이야기를 찾는다. 공중에 떠있는 것들을 다시 하나하나 떠올린다. 주성치를 생각한 이상 찾는 방향은 코미디 계열이다. 그러다 손오공의 근두운을 떠올린다.

창의적인 아이디어란 어디서 갑자기 떨어지는 것이 아니다. 자신이 알고 있는 정보와 지식이 일정한 패턴을 가지고 생각과 결합하는 과정을 통해서 만들어진다. 그 일정한 패턴 가운데 백반님의 생각에 사용된 것은 유사성 활용 사고, 즉 비슷한 것을 주—욱 횡적으로 연결하는 생각방법이다. 고등학교 현대문학 시간에 나오는 얘기인데, 생각 안 나는 사람을 위해서 짧고 간단하게 설명한다. '말이 짐을 운반한다'라는 문장에서 말을 당나귀, 낙타로 바꾸는 걸 말한다. 이런 이치로 공중축구가 공중정사로, 근두운이 러브호텔로 바뀌게 되는데, 바뀌는 근저에는 항상 생각틀이 존재한다는 것을 잊지 말자. 생각틀은 파리의 교미에서 연유된 공중정

사이다.

이제 긴 이야기의 본론이 나올 차례다. 이걸 글쓰기에 대입하는 것!

우선 생각틀을 결정한다. Key word, 파리의 교미를 유사성 활용사고를 활용해서 인간의 정사라는 논제와 연결하면, 공중정사라는 생각틀이 탄생한다.

두 번째는 논지의 흐름을 결정하는 단계인데, 인간이 날아다니며 벌이는 이야기→소림사 축구→주성치 영화→코미디의 단계를 거쳐, 논지는 코미디로 결정한다.

마지막은 차별화이다. 차별화란 주성치와 다른 뭔가를 찾아내는 것이다. 코미디라는 논지를 유지하면서도 주성치의 냄새가 나지 않는 것을 찾다가 손오공의 근두운에 생각이 미치게 된다. 드디어 "날아다니는 러브호텔"이 태어난 것이다. 한 가지 덧붙이면 차별화의 노력은 "친근한 이미지 가운데"라는 제한 조건을 갖는다는 것이다. 왜냐하면 익숙한 이미지에 반전을 기하는 차별화가 "어떻게 이런 생각을 했지?" 하는 창의력 평가를 더욱 크게 만드는 효과를 가져다 주기 때문이다.

2 그러니까 이렇게 하면 된다는 소리

"기계의 발달이 시장의 발전을 가져오고, 철도의 부설이 시공간적 변화를 가져온다. 우리 사회와 기업은 이런 변화에 어떻게 대처해야 할 것인가?"

 **key word 연결 사고법의 등장**

방법: 질문에 등장한 핵심단어들을 요새 유행하는 이슈와 연결시킨다.

"시장발전 → 글로벌 경제 → 우리는? → 성장 잠재력 위기 → 투자 활성화를 위한 기업하기 좋은 나라 만들자."의 식으로 이어진다.

 **유사성 활용 사고법의 등장**

'위기'라는 단어가 있다. 위기에 필요한 것은 영웅이다. "시대가 영웅을 만든다"는 말도 있다. 영웅을 생각의 중심에 놓자.

"정의는 문장을 차별화한다"에서 배운 단어 연상법을 활용한다. '영웅' 하면 이순신이 생각나는데 이순신으로 상상력을 표현하기에는 좀 역부족이다. 해외로 눈을 돌리자. 상상의 영어표현이 판타스틱이니까 판타스틱한 영웅을 찾자. 물론 친근하고도 구체성이 있는 영웅이어야 한다. "슈퍼맨 같은…." "됐다!" 슈퍼맨으로 결정하고, 첫 문장을 이렇게 시작하자.

어린 시절에 가장 좋아했던 만화영화는 슈퍼맨이었다. 어른들이 만들어낸 상상의 인물이라는 걸 알게 된 것도 벌써 오래 전의 일이다. 하지만 슈퍼맨을 그리워하는 마음은 어린 시절보다 지금이 더하다. "슈퍼 맨!" 하고 부르면, 어디선가 날아와 어려운 우리 경제 현실을 구해주었으면 하는 바람이 있기 때문이다.

논지의 흐름은 영웅주의 사관이 된다. 그러니까 결론은 "경제 영웅, 산업 영웅이 슈퍼맨처럼 글로벌 경제를 이끌어 갈 수 있도록 여건을 조성하는 정부의 정책이 되어야 한다"로 맺으면 된다. 참, 슈퍼맨 얘기는 너무 길면 안 좋다. 도입부에 "짧게 끊어 쳐라."

칸느가 홍상수를 좋아하는 까닭?

1_ 숨어 있는 2인치가 해답이다

홍상수는 그 유럽의 '심심함'을 나만의 은밀한 관계나 섹스 습관이라고 생각하는 것들을 남의 이야기로 꾸며, 너무나 자연스러운 대사와 몸짓이 되어 흘러나오게 만드는 방법으로 해소시킨다. 관객들은 거울이 없으면 볼 수 없는 얼굴처럼 원래 내 것이었으나 드러내지 못하던 것을 스크린을

통해서 보며, 거울을 들여다보는 느낌을 받는다. 그는 이런 의도를 생활의 발견이라는 영화제목으로 드러낸다.

기업이 그렇게 찾고 있어서, 우리가 그렇게 목말라하는 창의성과 기발한 상상력이란 반지의 제왕처럼 특수효과와 각종 장치로 가득해서 평범한 우리는 근접조차 할 수가 없는 마지노선이 아니다. 홍상수처럼 밥 먹고 똥싸는 얘기를 찍은 셀프몰카로도 창의적이라는 평가는 충분히 받을 수 있다. 이제 압박감을 집어던지고 우리도 분위기는 낼 수 있다는 자신감을 갖자. "Boys, be ambitious."

2 물구나무서기로 찾는다

"우리는 이러한 때 모든 것을 가진 듯하고, 우리의 마음이 비록 가난하여 바라는 바, 기대하는 바가 없다 할지라도, 하늘을 달리어 녹음을 스쳐 오는 바람은 다음 순간에라도 곧 모든 것을 가져올 듯하지 아니한가?"

—이양하의 신록예찬에서

"지구 표면적의 100분의 99가 이 공포의 초록색이리라. 그렇다면 지구야말로 너무나 단조무미한 채색이다. 이 일

망무제의 초록색은 조물주의 몰취미와 신경의 조잡성으로
말미암은 무미건조한 지구의 여백인 것을 발견하고 다시
금 놀라지 않을 수 없었다.”

—이상의 권태에서

칸느에 가는 방법은 단어의 재발견이다. 방법은 간단하
다. “초록은 좋은 것이야!”를 “초록은 나쁜 것이야!”로 바꿔
놓고 나쁜 이유만 찾으면 된다. 물론 뒤에 나오지만 뱀처럼
“징그러운 것이야”라는 단어의 상식을 “너무 완벽해”라고
바꿔 놓고 완벽한 이유를 찾아가는 것도 마찬가지다.

이것은 낯설게 하기라는 글쓰기 이론에서 빌려온 것인데,
복잡하니까 앞에 나온 대로 단어물구나무서기나 단어 역주
행하기 등의 쉬운 말로 암기해 두자. 일단 물구나무서기를
한 뒤에는 앞장에서 배운 유사성으로 ‘생각과 지식 이어가
기’를 해서 논리를 만들어 가면 된다.

3 한 번 볼래?

“인간은 만물의 영장이라는 말이 있다. 인간의 어떤
면이 그러한지 경험적 체험을 바탕으로 설명하시오.”

바로 단어의 상식을 따르는 유사성 활용 사고법이나 단어 연상법을 사용하면, "삐-"다. 단어의 물구나무서기가 먼저다. 자칫 물구나무서기를 "인간은 만물의 영장"의 반대 개념인 "인간은 개벼룩같이 하찮은 것"에서 시작할 수도 있다. 데카르트의 고기토식의 전개도 일리는 있지만 아무래도 차별화의 노력이란 개념은 잊어버린 느낌이다. 나는 동물, 그 중에서도 이브를 꼬신 뒤, 신의 벌을 받아 평생 땅을 기게 되었다는 운명의 뱀의 예찬부터 시작했다.

뱀은 참으로 영특하다는 생각이다. 길흉화복을 알아 이미 운수가 다한 집에서는 사람보다 먼저 알고 빠져나간다. 뱀은 또한 위력적인 모습을 가졌다. 사람인 우리들은 뱀을 보면 일단 흠칫 놀란다. 뱀은 당당하다. 코브라는 물기 전에 모가지를 들고 공격의 표시를 한다. 사람들처럼 우회해서 뒤로 돌아와 급습하는 비열한 행동을 하는 법이 없다. 뱀은 조물주의 은총을 한몸에 받았다. 전 지구의 99%가 초록빛인 지구에서 위장이 완전하다. 우리 인간의 위장복이라는 것도 결국 뱀의 몸 색깔을 벤치마킹한 것에 지나지 않는다. 또한, 지구가 하얗게 변하는 겨울에는 땅속에 들어가 잠을 자도록 조물주가 설계했다. 먹이가 없는 겨울에는 잠을 자서 인간처럼 굶어죽는 일도 없다. 아무리 생각해도 조물주의 보살핌 없이는 불가능한 일이다. 뿐만 아니라 뱀은 인간의 미래다. 영화 같은 데서 보면 큰 구렁이를 조상님으로 여기는 모습을 발견하기 때문이다.

4 결론은 뻔하다

물론 여기서 끝나면 큰일이다. 반전이 필수다. 영화처럼…. 지식선택으로 고기토를 사용하는 것이 방법이다. 즉, "이런 생각 자체가 이성적 인간의 증명으로 간다"는 결론으로 나간다. 항상 결론은 모범답안임을 잊지 마라.

5 해주고 싶은 말

상상과 창의? 좋은 얘기지만 외모처럼 타고난 재능이거나 엄청난 훈련이 필요한 것. 우선 내 말대로 하면 흉내는 낸다.

숫처녀는 virgin, 그러면 숫총각은?

"北서 떠내려온 브래지어, 그곳에도 女心이 있거늘…"

__문화일보 김훈의 자전거여행에서

1_ 브래지어의 재발견

김훈은 어머니의 젖가슴 냄새를 물씬 담아낸 브래지어로 살벌하고 기계적인 북한의 모습을 씻어낸다. 여기에는 역할 분담이 있다. 김훈은 연신 단어로 젖가슴 냄새를 퍼나르고, 이것을 읽어 가는 우리들은 브래지어를 매개로 젖을 물리는 엄마의 모습, 처녀의 봉긋한 젖가슴을 상상해 나간다.

지금까지의 글쓰기 이야기가 작성자가 모든 걸 생각하고,

설명하는 원맨쑈였다면, 이번에는 작성자는 단어를 나열하고 생각과 상상은 읽는 사람의 몫으로 돌리는 방법이다.

2 브래지어에 냄새를 묻히는 법

독자의 연상과 상상의 촉발은 익숙한 개념인 이미지 연상의 역작용을 통해 이루어진다. 글을 쓰는 이는 마치 중계방송을 하듯 이미지를 담은 단어를 나열하고, 읽는 이는 단어 하나 하나를 읽어가면서 단어가 가지고 있는 이미지를 따라 생각을 구체화해 갈 수 있도록 의도하는 방법이다.

브래지어 두 개는 아군 관측소에 전시되어 있다. 노획된 브래지어 두 개 중 하나는 출산을 경험하지 않았거나 가슴이 작은 젊은 여성의 것으로 보였고, 또 하나는 심한 가사노동이나 들일을 감당해야 하는 나이든 여자의 것으로 보였다.

젊은 여성의 것으로 보이는 브래지어는 삼각형이었고 사이즈는 A컵 정도였다. 이 브래지어는 여자 가슴의 조형성을 이해하는 디자인 감각과 그 감각을 표현해낼 수 있는 기술을 갖춘 봉재공장에서 대량생산된 물건이 아닌가 싶었다.

　나이든 여자의 것으로 보이는 브래지어는 우리나라 어머니들이 쓰시던 통치마 말기와 닮아있었다. 컵이 따로 없고 넓은 천으로 가슴을 압박해서 등뒤로 꽁꽁 묶는 방식이었다. 그러나 치마와는 분리된 별개의 란제리였고, 어깨 끈이 달려 있는 점은 우리 어머니들의 치마말기와는 달랐다. 이런 브래지어를 쓰면 가슴은 납작하게 눌려서 윤곽이 드러나지 않지만, 흔들리지 않아서 힘든 일 하기에는 좋겠다.

　낡은 브래지어들이었다. 오랫동안 살 속에 파묻혀서 등뒤로 돌아가는 끈과 컵 밑 선은 솔기가 터져서 실밥이 흩어졌고, 흙탕물이 배어서 누렇게 변색되어 있었다. 내 자전거 핸들에 이 브래지어를 매달아 바람에 날리면서 경의선 도로를 달려가 누구인지 알 수 없는 젊은 주인에게 가져다주고 싶다.

＿문화일보 김훈의 자전거 여행 중에서

　신문 연재 기사의 특성상 독자가 상상할 부분까지 설명해 준 부분은 생략했다. 논지의 파악에 지장이 없는 한도에서 상당한 양의 발췌도 했다. 자위행위 편에서 발췌가 잘 되는 글이 객관적인 글이라고 했는데 이 문장은 대단히 발췌가 잘 된다. 중계 방송을 통해 독자의 생각을 촉발하는 목적의 글은 이렇게 발췌가 잘되어야 작성자의 주장을 배제하고, 오로지 단어를 통해 연속적인 이미지를 독자에게 전달할 수 있다.

"A컵 정도", "여자 가슴의 조형성", "흔들리지 않아서", "살 속에 파묻혀서", "실밥이 흩어지고" 등의 단어들은 독자에게 브래지어 주인의 젖가슴을 구체적으로 머릿속에 떠올리게 만들며, 생활의 흔적을 느끼게 한다. 또한, 경기북부에 내린 홍수로 피해를 입었던 이재민 돕기 특별방송과 비교하면서 북한주민들이 홍수로 겪었을 어려움에 안쓰러운 생각마저 든다. 김훈은 "내 자전거 핸들에 이 브래지어를 매달아 바람에 날리면서 경의선 도로를 달려가 누구인지 알 수 없는 젊은 주인에게 가져다주고 싶다"로 글을 맺으며, 의도적으로 그런 생각이 들게끔 하는 연출을 한다.

3 개념은 알겠지만 아직도 막연한 느낌을 지우기 위해

냄새를 묻히는 법만으로도 감잡은 눈치 빠른 축들도 있겠지만 아직 이 방법을 적용하기에는 막연한 것이 우리들 대부분의 솔직한 심정이다. 좀더 설명을 구체적으로 밀고 나가보자.

숫총각의 답을 아는가? 왜 그런지 몰라도 숫처녀는 웬만하면 다 아는데 숫총각은 모른다. 한영사전에는 'innocent bachelor'라고 나와 있다. 물론 이 대답의 결과는 "삐-"다.

해답은 60년대 후반에서 70년대 초반 일본의 아가씨들 사이에서 유행한 말인데, 그 당시는 영화 배우 폴 뉴먼의 전성기였다. 또, '뉴망'이라는 남성 캐주얼 브랜드가 일본에서 선풍적인 유행을 끌고 있을 때다. 벌써 답을 알고, 고개를 끄덕이는 이들이 대부분이다. 물론 아직 모른다고 실망할 필요는 없다. 설명 마저 듣고 시험에 써먹으면 된다. 최후에 웃는 자가 승자니까.

그럼, 설명 마저 하자. 일본어로 '새것', 한 번도 안 쓴 물건을 '아다라시'라고 한다. 모두 알고 있을 줄 안다. 한자 표기는 새로울 '新'이다. 여기에 남자가 Man이니까, 'for new man'이라는 신조어가 탄생했다.

이렇게 독자의 상상을 자극하는 단어 또는 사물의 선택은 자신이 독자에게 불러일으키고자 하는 생각에서부터 생각을 구성하는 단어들을 거꾸로 유추하는 방법을 통해서 이루어진다.

영화 이순신이 만들어진다는데 제목은 천군! 하늘에서 내려온 천군이 이순신을 훈련한다는 내용이란다. 보도자료에 따르면, "어느 날 갑자기 강해졌다"는 문장으로부터 영화의 줄거리를 읽어냈다고 하는데 영화 첫 부분은 이 부분에 관한 해설로 시작할 게 틀림없다.

관객들은 이미 익숙한 에반겔리온이나 터미네이터 등의 이미지와 비교해가면서 영화를 본 뒤, "할리우드에 손색없는 영화", "상상력이 부족한 영화" 등의 평가를 내리게 될 것이다.

김훈은 브래지어가 가지고 있는 특성에 주목했다. 항상 남성을 유혹하는 것, 속에 들어 있는 젖가슴이 갖고 있는 출산, 사랑의 이미지를 활용하여 박제화된 북한의 이미지 벗기기라는 그의 의도를 달성하고 있다.

이처럼 독자의 상상력을 촉발시키는 창의적인 글쓰기 방식의 출발은 읽는이 에게 유추의 기준을 제시하는 단어나 사물의 선택에서 출발한다. 글쓰기의 성공여부는 읽는이 가 유추를 통해 작성자의 의도에 도달하느냐 못하느냐에 있다.

4 실전 같은 연습이다

이모티콘 등 새로운 언어질서가 등장하고 있다. 이런 상형문자 형 언어의 보급의 원인에 대해서 답하시오.

이모티콘는 21세기의 새로운 소통 수단인 인터넷에서 처음 태어난 것이 아니다. 우리 민족의 서민 풍속에 그 원형을 두고 있다. 이모티콘은 얼굴 표정을 나타내는 것에서 처음 출발했는데 이것은 봉산탈, 하회탈 등 우리 민족의 탈의 모습을 시각 문자화한 것이다. 탈춤은 민중 고유의 것이었다. 일년에 며칠, 탈을 쓰고 세상을 풍자하면서 마음껏 놀기 위해서 만들어졌다. 실제의 얼굴을 감추고 탈에 그려진 표정으로 자신의 감정을 대변하는 탈춤과 이모티콘으로 자신을 표현하는 모습은 너무나 흡사하지 않은가. 유독 우리나라에서 이모티콘이 발달한 이유는 탈춤으로 대중의 삶을 대신하던 전통 때문이다.

▶ 해 설

취업을 위한 글쓰기에서 브래지어를 이용하는 법은 일반적인 글쓰기와 다르다. 논제라는 제약 조건 속에서 이루어

져야 하기 때문이다. 안타깝겠지만 우리가 여태껏 이야기를 진행해 온 목적은 창의적 인간으로 채점자에게 보이기 위한 것이니까, 그 목적에 합당하게 배운 걸 이용하면 된다.

이모티콘은 표정을 상징한다. 표정을 나타내는 것을 사방을 둘러 찾았더니 탈이 있었다. 옳거니! 추리의 기준, 실밥을 잡았다. 논제에 교통수단이 나오면, 발을 유추의 기준으로 해라. 축지법도 좋다. 기계는 손이다. 그리스 신화에 나오는 수십 개의 팔이 달린 타이탄과 기계가 다를 게 뭐냐? 그러면 그리스 신화 얘기가 자연스럽게 나오고, 스토리는 풍성해진다.

5 마무리

자판기 딱지를 떼려면 명탐정 홈즈처럼 추리하는 습관을 가져라.

머리카락 보인다. 꼭꼭 숨어라

서울 종로구 인사동 술집골목에는 밤마다 지식인, 예술가, 언론인들이 몰려들어 언어의 해방구를 이룬다. 노블레스 오블리제를 논하며 비분 강개 하는 것은 그들의 오랜 술버릇이다. 그 술집골목 한복판에 '라파엘의 집'이라는 시설이 있었다. 참혹한 운명을 타고난 어린이 20여 명이 거기에 수용되어 있었다. 시각, 지체, 정신의 장애를 한 몸으로 모두 감당해야 하는 중복장애 어린이들이다. 술 취한 지식인들은 이 '라파엘의 집' 골목을 비틀거리며 지나서 택시를 타고 집으로 돌아갔다. 동전 한 닢을 기부한 사람은 아무도 없었다. 착한 마음을 가진 가난한 사람들이 1천원이나 3천원씩 꼬박꼬박 기부금을 내서 이 시설을 16년째 운영해 오고 있다. '농부'라는 이름의 2천원도 있다. 바닷가에서 보낸 젓갈도 있고 산골에서 보낸 사골 뼈도 있다. 인사동 '라파엘의 집'은 술과 밥을 파는 식당으로 바뀌었다. 밤마다 이 식당에는 인사동 지식인들이 몰려든다.

—한겨레 신문

1_ 예문의 감상 의미

다시 김훈이다. 잘 쓰긴 잘 쓰나 보다. 좋은 글을 찾다가 "어!" 하고 멈춰 보면 그의 글이다. 물론 좀 과장이다. 사람은 관심 있는 것에 눈길이 쏠리게 마련이다.

이 글은 노블리스 오블리제의 허위의식을 비판한 글이다. 읽으면서, "죽어서 입만 동동 뜰 놈들" 하는 소리가 절로 튀어나온다. 그러나 그는 절대 직접 그런 상스러운 말을 내뱉지 않는다. 하지만 독자인 '나'는 상스러운 소리가 절로 튀어나올 정도로 강렬하게 그의 메시지를 느낀다.

이런 걸 상징이라고 한다. 좋은 글은 이것이 뛰어나다. 고등학교 국어시간은 이것 아니면 선생님이 할 말이 없을 정도다. 혹 교과서에 올라가는 기준인지도 모른다.

2 깊은 의미는 어떻게 만드나?

　　상징에는 직접 상징과 간접 상징이 있다. 이상은 항상 목이 말라 '레몬'을 사용했다. 가수 한대수는 "물 좀 주소!" 하고 다녔다. 이상은 지식에 목말라했고, 한대수는 자유에 목말라했는데, 레몬으로 지식을, 물로 자유를 상징하는 방식이 직접상징이다. 상징을 나타내는 구체적인 단어나 사물이 드러나는 방식이다. 이에 비하여 김훈의 것은 드러나지가 않는다. 한겨레 권태호 기자의 설명으로 대신한다.

　　"김훈의 '거리의 컬럼'의 특징은 현장성, 간결성, 함축성, 그리고 간접성 등입니다. 저는 많은 기자들이 이 중 많은 부분을 본받아야 된다고 생각합니다. '라파엘의 집' 기사에서도 알 수 있듯 김훈은 기사에서 호소하거나 촉구하지 않습니다. 다만 자신이 본 것을 그대로 옮겨줄 뿐입니다. 그러나 그 관조적 전달은 백 마디 호소보다 더 큰 울림으로 다가오곤 합니다."

　　현장성은 전장의 중계방송과 연관이 있으며, 간결성과 함축성이 상징성을 만드는 방법이라는 것도 이미 얘기했다. 나머지가 바로 간접성이다. 이 장의 김훈의 글이 앞장의 그

것과 비슷하면서도 결정적으로 다른 점은 앞장은 독자에게 생각을 하게 만들지만, 위의 예문은 생각할 필요가 없다는 것이다. 읽으면서 바로 판단이 서고, 욕이 나온다. 말로만 "나쁜 놈들" 하지 않았을 뿐이지 문장과 단어가 "나쁜 놈들"이라는 것을 상징하는 형태로 썼기 때문이다.

3 기억해 두면 좋은 말

직접적인 견해를 묻는 문제에 답해야 할 때, 상징적인 표현을 사용하면 효과적이다.

제4장   자기 소개서를 베스트셀러로 만드는 6가지 법칙

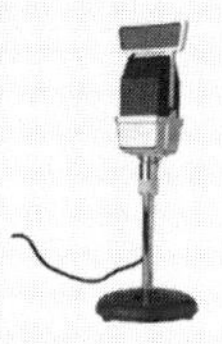

사실을 적극적으로 받아들이면 실체는 쉽사리 파악할 수 있다.
사실, 그 법칙들은 눈에 잘 띄는 것들이다.

___ 잭 트라우트, 알 리스

베스트셀러의 조건

1980년대

"Small is beautiful"

__톰 피터스

1990년대

성공하는 사람들의 7가지 습관

__스티븐 코비

2000년대

누가 내 치즈를 옮겼을까

__스펜서 존슨

칭찬은 고래도 춤추게 한다

__켄 블랜차드

이 책들은 지금까지 베스트셀러의 순위에 올라 있거나 적어도 1-2년 이상 베스트셀러가 되었으며, 세상의 화두가 되어 왔던 책들이다. 그리고 이 책의 저자들은 모두 세계적인 경영컨설턴트가 되었다. 평균 100:1을 넘는 취업 경쟁을 뚫고 취업에 성공하는 것은 어려운 일이다. 하지만 하루에도 셀 수 없이 쏟아져 나오는 책들 가운데에서 베스트셀러가 되거나 매해 유명 경영대학원에서 배출되는 수백 명의 경영컨설턴트 가운데 최고가 되는 것보다 어렵지는 않다.

톰 피터스, 스펜서 존슨 그리고 켄 블랜차드, 이들은 모두 전문 작가가 아니다. 경영컨설턴트이다. 그러나 그들은 모두 자신의 경험과 지식을 담은 책을 통해 최고가 된 사람들이다. 취업도 자기소개서라는 당신의 경험과 지식을 담은 종이를 통해 지원자들 가운데 최고가 되는 것으로써 출발한다. 우리는 벤치마킹이란 말을 즐겨 사용한다. 이들 베스트셀러의 조건으로부터 '자기소개서 만들기'의 힌트를 얻기를 권한다.

1. 철저히 집중했다

톰 피터스와 스티븐 코비는 몇 년에 걸쳐서 사례를 조사하고, 인터뷰를 위해 지구를 몇 바퀴 돌 정도의 여행을 하며 정보를 모았다. 그리고 책이 완성되기까지는 톰 피터스는 검은 양복, 흰 와이셔츠, 빗어 넘긴 머리의 보수적인 맥킨지 컨설팅의 복도를 허리띠도 매지 않은 청바지, 야구모자를 쓰고 정신병자처럼 왔다갔다했다고 전해진다. 그리고 그는 맥킨지 컨설팅의 브랜드를 드높이는 베스트셀러를 만들어 냈다.

눈높이가 시작이라는 말을 했다. 그것은 소비자, 즉 지원회사가 원하는 것을 찾으라는 말도 했다. "정보를 찾아야 한다는 것을 모르는 사람이 어디 있어?" 하는 사람도 있을 것이다. 그러나 정보란 적어도 차별화가 되어 있을 때만이 정보로서 불릴 자격이 있다. 차별화되지 않은 정보는 정보가 아니라 그냥 사실일 뿐이다. 물론 차별화라는 말은 참으로 애매한 말이다. "어떻게 차별화하면 될까?"

비즈니스 영역에서 차별화는 고객층, 제품, 기술의 관점에서 이루어진다. 차별화된 정보는 지원회사의 약점이든 장점이든 상관없다. 이것을 앞에 나올 '자신을 정의하기'와 연결해라. 즉 정보란 새로운 것이거나 헌 것의 문제가 아니라

당신과 지원회사를 연결시키는 의미를 가질 때 정보라고 할
수 있는 것이다.

2 재미있는 이야기였다

나는 세상에서 제일 지루한 일은 억지로 재미없는 글을
읽는 것으로 생각한다. 당신의 자기소개서를 읽는 인사담당
자 앞에는 지금 수많은 자기소개서가 쌓여 있다. 그는 스티
븐 킹의 소설이나 스펜서 존슨의 책과 같은 베스트셀러처럼
즐거운 마음으로 당신의 자기소개서를 읽는 것이 아니다.
어떻게 하는 것이 읽는이의 하품을 멈추게 할 수 있을까?

 #1 친근하다

"글쓰기의 목표는 정확한 문법이 아니라 읽는이를 따뜻
이 맞이하여 이야기를 들려주는 것, 그리고 가능하다면 자
기가 읽고 있다는 사실조차 잊게 만드는 것이다." 스티븐 킹
의 말.

『칭찬은 고래도 춤추게 한다』의 주인공은 고래다. 『누가

내 치즈를 옮겼을까』에는 꼬마 인간, 허가 나온다. 그리고 이솝이야기처럼 시작한다. 어렸을 적 어머니, 아버지가 읽어주던 동화처럼….

 **짧으면서도 일관성이 있다**

두 권의 책 모두가 분량이 아주 적다. 처음부터 끝까지 읽는 데, 채 2시간도 걸리지 않는다. 뿐만 아니라 처음부터 끝까지 변화와 칭찬의 효과만 이야기한다. 그리고 이야기는 작게, 나비의 날갯짓처럼 시작해서 점점 커져 태풍이 되어 간다.

 **말하고자 하는 것을 명확하게 알 수 있다**

『누가 내 치즈를 옮겼을까』나 『칭찬은 고래도 춤추게 한다』의 구성상의 특징은 둘 다 이야기의 마디마디에 독자에게 전하고자 하는 것을 "치즈를 가진 자는 행복하다"처럼 명확하게 밝히고 있다.

3 예뻤다

로프를 타고 빌딩을 내려오다 어떤 방에 종이를 붙인다. 알고 보니 이력서! 그리고 "서류뭉치 속의 똑같은 한 장이 되긴 싫다"는 카피가 나오는 모 주류 회사의 광고가 큰 인기를 얻었다.

보기 좋은 떡이 먹기도 좋다고 했던가. 외모가 면접에서 중요하다고 생각하듯이 자기소개서의 외형도 중요하다. 외형이란 문장구성, 문체 등을 말하는 것으로 이해하면 되는데, 당신의 자기소개서를 예쁘게 보이는 방법은 무엇일까?

 ## 간결해라

칼의 노래라는 소설이 있다. 읽다 보면 "칼같이 썼다"는 느낌이 든다. 예측도 막연함도 없다. 마치 "배고파서 밥 먹었다"는 느낌처럼 논리적이며 필요한 말만 사용해서, 읽는 이에게 간결함과 함께 힘찬 느낌을 준다.

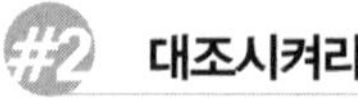 대조시켜라

『누가 내 치즈를 옮겼을까』에는 스니프와 스커리 그리고 햄이라는 생쥐와 꼬마인간이 나온다. 스니프는 킁킁거리며 냄새를 맡으며 변화를 눈치채고, 새로운 치즈를 찾아 나서지만, 꼬마인간 허는 점잖을 빼며, 머뭇거린다. 우리는 생쥐와 꼬마인간의 대조적인 행동과 운명을 보면서, 허처럼 될까봐 몸서리를 친다.

상징해라

치즈는 책에서 'C'로 표현된다. 이 'C'는 실제로는 변화라는 'CHANGE'를 뜻한다. 스니프와 허라는 이름 역시 상징적이다. 당신을 어떻게 상징하면 될까? 뒤에 나오는 "문장을 브랜드화하는 법"과 "튀지 말고 차별화해라"에서 방법을 발견해보기 바란다.

튀지 말고 차별화해라

_안상훈 서울대 사회복지학과 교수의 〈대학신문〉의 기고에서

1_ 차별화는 정의가 만든다

17세기에 극성을 부린 마녀사냥의 이미지를 서울대에 대입한 이 말은 정의의 힘이 얼마나 큰지를 알려준다. 이 한마디가 기득권의 상징이라는 비판적 이미지를 단숨에 불쌍한 희생양의 이미지로 바꿔준다.

"최근 우리 사회는 감성적으로 문제를 풀려 하는데,

서울대 해체는 현실적으로도 어렵다."

"그간 주류에 대한 동일시가 강했던 서울대로서는
맹렬한 반성이 필요한 시점."

"기득권을 포기하지 않으려는 교수들의 모습이 안타
깝다."

발언 뒤에 쏟아져 나온 어떤 칭찬과 비판도 마녀사냥에
견줄 바가 되지 못한다. 수십 배의 '단어와 문장'을 똘똘한
'정의' 하나가 이긴다.

2 정의를 만드는 방법

"흔히 좋은 의미를 담고 있는 브랜드가 가장 좋은 브랜
드라고 생각한다. 물론 그렇다. 그러나 뜻이 좋은 브랜드
가 모두 경쟁력이 있는 것은 아니다. 브랜드의 경쟁력은
의미가 아니라 사람들이 하는 연상과 얼마나 일치하느냐
에 있다."
_브랜드 컨설턴트의 칼럼에서

영화로 잇달아 만들어지면서 신드롬을 빚어내고 있는 이
순신 열풍을 취재한 문화일보 기사인 "시대는 고뇌하는 영

웅을 원한다"를 통해 정의를 만들어 내는 원료인 '연상력'
을 이해해 보자.

 **배경표현을 정의화한다**

　엄청난 신용불량자 문제에서 이혼에 의한 가족파괴, 세대
와 지역갈등까지 어렵고 힘들며 해결해야 할 것 천지인 지
금의 시간과 공간을 '시대'라는 한 단어로 표현한다. 독자들
이 "이 시대가 어떤지는 다 알고 있다"는 전제에서 설명의
사족을 달지 않는다. 정의는 사족이 달리면 달릴수록 효과
가 떨어지는 속성을 가지고 있기 때문이다.

　"이게 뭐야?" "별 것도 아닌 걸 가지고." 하는 반응들일
게다. 그러나 조금 참고 예문을 봐달라.

예문1) **장명수칼럼] 마음을 잃어 가는 전쟁**
　"영토를 얻기 위한 전쟁이 아니라 마음을 얻기 위한 전
쟁"이라고 주장하던 이라크 전쟁에서 미국은 마음을 잃어
가고 있다. 이라크인들의 마음뿐 아니라 세계인들의 마음
이 흔들리고 있다. 　　　　　　　　　　　　　—한국일보

예문2) **통합-포용적 리더십 보여라**

> 　헌법재판소의 대통령 탄핵기각 결정은 어느 정도 예상된 일이었기 때문에 큰 놀라움으로 다가오지는 않지만, 초미의 관심사는 앞으로의 상황이다. 한국 사회에서 탄핵 찬성·반대 세력이 여전히 대립하고 있는 것이 현실이라면, 국회의 탄핵결정 이후 이제까지의 세월이 "잃어버린 두 달"이 될 것인지 아니면 "성숙을 위한 두 달"로 기억될 것인지를 결정하는 것은 이들의 몫이다.
>
> ＿문화일보의 서울대 박효종 교수의 칼럼에서

　글의 서두란 본격적인 문제 제기를 위한 워밍업의 단계로서 배경을 설명하는 소임을 갖고 있다. 예문들도 충실히 그 소임을 다하고 있다. 하지만 문장의 길이와 사용된 단어의 수에서는 차이가 크다. 장명수 칼럼의 배경표현은 단 1문장에 10단어 미만이다. 이에 반하여 박 교수의 글은 발췌를 많이 했는데도 불구하고 5개 이상의 문장이 사용되고, 단어 수는 말할 필요도 없다. 박 교수의 칼럼이 '탄핵의 절차적 정당성'에 관한 탁월한 글이기는 하지만 배경표현이 길어서 이야기의 진행속도가 떨어지는 단점이 있다.

도입부분의 늘어진 진행속도란 자기소개서에는 치명적인 약점이 될 수 있다. 읽는이를 처음부터 김빠지게 할 공산이 크기 때문이다. 이제 배경표현에 정의를 사용하는 것이 자기소개서에서 어떤 역할을 하는지 이해가 됐으리라 믿는다.

 **집합명사를 사용한다**

정의를 내린다는 것은 의미를 확대한다는 뜻이다. 즉, "시대는 이순신을 원한다"고 표현하는 것보다 이순신과 비슷한 유형의 인물들을 총칭하는 단어, '영웅'을 집어넣어 "시대는 영웅을 원한다"로 표현하는 것이 메시지의 전파 범위를 크고 깊게 만든다는 말이다. 물론 반대의 경우로 개별명사를 사용하는 경우도 있다. 예를 들어 "사회 혼란과 경제를 극복하기 위해서는 카리스마를 갖고 있는 지도자를 필요로 한다"의 문장을 정의화해 보기로 하자.

"시대는 카리스마 있는 지도자를 원한다."

이 문장은 아무래도 정의라는 느낌이 없다. 조금 압축해 보자.

"시대는 카리스마를 원한다."

냄새는 나지만 추상적이다. 정의를 내리는 목적은 그림처럼 확연하게 당신의 의도를 읽는 이에게 전달하기 위해서다. 그러니까 정의를 사용하는 것이 도리어 불투명 유리와 같은 꼴이 되어서는 안 된다. 이럴 때는 카리스마가 있는 지도자의 개별명사를 사용해 봐라.

"시대는 박정희를 원한다."

무슨 말인지 단번에 알게 해준다.

 ### 이미지의 차용

만약 영웅 대신 '인물'이나 '장군'을 사용했으면 어떠했을까?

"시대는 고뇌하는 인물을 원한다."
"시대는 고뇌하는 장군을 원한다."

　역동성, 좌절의 극복과 같은 영웅이 갖고 있는 이미지를
빌려오지는 못했을 것이다. 정의란 기존의 이미지를 잘 활
용해야 설득력을 높일 수 있다.

3 정의와 자기소개서의 상관관계

"자기 자신을 정의한다."

　마케팅 포지셔닝의 저자, 알 리스와 잭 트라우트가 상품
판매 촉진에 효과적인 포지셔닝 전략을 개인에게 적용할 수
있음을 말하는 부분의 첫 번째 목차이다. 그들은 포지셔닝
의 가장 어려운 점은 컨셉을 만드는 것인데, 컨셉을 만드는
것은 바로 훌륭한 정의를 찾아내는 것이라고 말하고 있다.
자기소개서에서 당신이 말하려고 하는 '컨셉 만들기'에 정
의를 활용하자.

　혹시 당신은 지금 어떻게 당신 자신을 정의하여야 할지
곤혹스러운가? 정의는 당신으로부터 출발하는 것이 아니라
소비자로부터 출발한다. 2장의 "눈높이가 시작이다"에서
나는 기업이 원하는 10가지의 인재 유형을 제시한 바 있다.
그 중에 하나를 고르는 것은 어떤가?

"저는 저 자신을 문제해결형 인간으로 스스로 정의하고 있습니다."

"사랑받는 것들은 이유가 있다"에서 말한 바 있는 좋은 주제문의 조건인 상징, 압축, 절제의 3요소를 만족하고 있을 뿐 아니라 눈높이마저 맞추고 있다. 이만하면 쓸 만한 정의가 아니겠는가?

자기소개서를
브랜드화하는 법!

> 단단하게 여문 강냉이를 튀겨 팝콘을 만드는 사람처럼
> 작은 목소리로 '희망'을 얘기하면서도 듣는 사람의 가슴속
> 에 커다란 희망을 심어줄 수 있는 아주 희귀한 사람이다.
>
> —신경정신과 전문의 정유신의 칼럼에서

나와 같은 보통 사람은 도저히 종잡을 수 없는 행동들이
나 나도 모르는 내 마음을 마치 현미경으로 들여다보는 듯
이 분명하고 또렷하게 설명해주는 것이 그녀의 직업이다.
그것은 사물의 본질을 파악하는 능력으로부터 비롯된다.
그리고 이런 능력이 "단단하게 여문 강냉이를 튀겨 팝콘을
만드는"과 같은 문장을 브랜드화하는 기술인 비유를 만들

어 낸다.

1_ 브랜드화에 필요한 3가지 원리

"작은 목소리로 '희망'을 얘기하면서도 듣는 사람의 가슴 속에 커다란 희망을 심어주는 사람"이란 문장은 어떻게 만들어졌을까?

지금 우리는 창작론이나 문장론을 얘기하고 있는 것이 아니다. 직관과 같은 설명할 수 없는 능력이나 감정 따위의 얘기는 그만두자. 우리는 "침대는 과학"이라는 광고카피처럼 우리의 노력과 학습에 의해서 도달할 수 있는 과학적 방법에 대해서만 논하자.

예로 든 문장은 글쓴이가 다음의 3가지 원리의 파악하고 있기에 가능했다. 첫 번째 원리는 단어의 본질과 사물의 본질을 파악하는 원리다. 정유신 씨는 '희망'이란 여간해서 사람들에게 만들어주기가 어려운 것이라는 사물의 본질을 파악하고 있었던 것이다.

두 번째는 단어가 가지고 있는 힘에 대한 파악이다. 두 글자인 '희망'이란 여간해서 사람에게 만들어 주기가 어려운 사물의 본질을 가지고 있지만, 일단 만들어지면 그것은 한강의 기적과 같은 어마어마한 일을 해낼 수 있는 힘을 가지고 있다.

세 번째는 단어의 '본질과 힘'을 사물의 '본질과 힘'과 조합하는 능력이다. 그녀는 딱딱하고 작은 강냉이라는 사물의 본질에, 납작하고 조막만한 봉지가 순식간에 2시간의 영화를 보면서도 먹기에 충분하게 되는 팝콘의 본질을 비교하여 문장을 생기발랄하게 만들었다.

➡ 자기소개서의 브랜드화란 우선 사물의 본질을 파악하는 훈련을 통해 이루어진다. 처음부터 잘 될 수는 없다. 연습밖에 없다.
① 자기소개서를 일단 작성한다.
② 책에 언급된 규칙들로 평가항목을 만든다.
③ 자기 체크를 하면서 끊임없이 고쳐 쓴다.

2 브랜드에는 명품과 길거리표가 있다

강냉이를 만들어주는 물건은 팝콘만 있는 것이 아니다. 뻥튀기도 있다. 그녀가 팝콘 대신 뻥튀기를 선택했다면 우리들은 글을 읽으며 시장통을 연상했을 것이 틀림없다. 반면, 팝콘이란 단어는 넓고 쾌적하고 냉방이 잘되는 메가 플렉스 상영관의 분위기를 문장에서 느끼게 해준다. 이렇게 단어의 선택이 명품과 길거리표의 차이를 만든다.

3 브랜드화의 비결, 비유란 읽는 이의 궁금증을 키우는 비결!

만약 이 글에서 "단단하게 여문 강냉이를 튀겨 팝콘을 만드는"이란 표현을 뺀다면 어떤 느낌이 날까?

작은 목소리로 '희망'을 애기하면서도 듣는 사람의 가슴속에 커다란 희망을 심어줄 수 있는 아주 희귀한 사람이다.

여전히 괜찮은 느낌이 드는 것은 '희귀한'이란 표현 때문이다. 희귀한 동물, 희귀한 식물 등 천연기념물 같은 곳에 사용하는 단어가 붙어 있는 사람이 누구일까 궁금해진다.

이렇게 궁금증을 팝콘처럼 부풀어 키워주는 것이 비유이다.

→ 앞에서 언급한 소비자의 정보처리 프로세스에 따르면 프로세스의 첫 번째 단계가 노출과 자극이었다. 궁금증보다 읽는 이를 자극하는 것이 있을까?

4_ 비유의 또 다른 힘

'인간 중심' 시장경제로 가자.

우리 경제의 방향은 인간중심 시장경제다. 오늘 제2의 대전환기 글로벌 신자유주의, '세계적 규모의 금융주도 축적 체제'는 사회의 감시와 문화적 규범에서 이탈되었다. 뿐만 아니라, 국가의 감시로부터도 이탈된, 극도의 반(反) 사회 생태적 무책임 경제다. .

___이병천(강원대 교수, 경제학) 문화일보에서

예문의 칼럼은 경제정책의 방향을 말하고 있다. 그리고 경제정책의 방향이란 분배 우선, 시장 우선하고 말싸움의 경연장과 같은 의제이다. 하지만 "인간중심의 시장경제로 가자”라는 말에 싸움을 걸고 나설 사람이 있을까?

할 말은 많겠지만 인간중심의 시장경제로 가자는 대의명분 앞에서는 원칙적으로라도 찬성할 수밖에 없다. 똑똑한 비유는 이렇게 사람을 꼼짝 못하게 하는 설득력이 있다. 그러므로 똑똑한 비유가 있는 대화는 상대방의 입을 다물게 하고, 이런 비유가 사용된 글이란 읽는 사람의 고개를 끄덕이게 만든다.

자위행위는
건강에 나쁘다

레이 브래드베리의 책을 읽고 레이 브래드베리처럼 글을 썼다. 모든 것을 향수어린 시선으로 바라보면서 초록색으로 신비롭게 묘사했다. 제임스 M. 케인의 책을 읽을 때는 내 문장도 화려하고 복잡해졌다.

__스티븐 킹

1_ 자위가 건강에 나쁜 이유

유명 작가의 작품을 읽으면서 자연히 문체를 모방했던 스티브의 회고담이다. 초등학교 때 벌써 잡지사에 소설을 투고하여 원고료를 벌고, 고등학교 때에는 지역신문의 기자로

활동한 그도 그랬을진대 우리들이야 어떻겠는가?

우리가 접하는 글이란 대개 각 분야에서 할 만큼 공부한 사람들의 책이나, 글로 밥벌이를 하는 신문기자나 작가들의 글이다. 그런데 신문의 사설이나 칼럼의 목적은 본디 세상과 사람을 가르치고 훈계하는 것이다. 그래서 매사 "이래야 하고 저래야 한다"는 투로 쓰여진다.

"서당개 3년이면 풍월을 읊는다"는 옛말처럼 어느새 이것을 마음에 들면 드는 대로, 마음에 안 들면 욕하면서 따라하니까 우리의 글은 읽는 사람을 가르치는 어투로 가득 채워지게 되는 경향이 있다. 나는 이걸 자위행위로 부른다. 육체적 자위행위는 필요악 같은 것이나 자기소개서에서의 자위행위는 끊어야 한다. 못 끊으면 떨어진다.

2 자위행위를 막는 법

#1 자기 검열법

자기 검열법의 핵심은 자기소개서의 발췌다. 발췌가 잘되면, 당신의 자기소개서는 객관적 사실과 지식을 중심으로 풀어나간 글이다. 반면, 주장이 강하면, 발췌하기가 어렵다.

 **방법론을 사용하여 객관성의 유지**

면접관들이 방법론을 좋아하는 것은 객관적이기 때문이다. 객관적 태도의 유지는 지식선택에 의한 설명, 설명에 있어서의 대립구조의 형성이 효과적이라는 것도 잊어서는 안 될 사항이다.

 **생각의 재구성**

신문 칼럼과 자기소개서의 차이는 내용의 흐름에서 "지적 탐구의 과정을 발견할 수 있는가?"라고 할 수 있다. 칼럼은 전문적인 지식을 사용하지 않는다. 왜냐하면 중졸 이상의 학력이라면 누구나 알 수 있게 지식을 감추고 쓰는 것이 신문이기 때문이다. 그러나 자기소개서는 다르다.

자기소개서란 기업의 쇼핑리스트에 어울리게 써야 한다. 그리고 쇼핑리스트란 한 마디로 기업이 필요로 하는 능력을

갖춘 인재다. 그렇다면 자기소개서에는 자신이 이런 능력을
가지고 있음을 표현하는 것이 목적이 되어야 한다.

　그런데 어떻게 표현을 해야 그런 능력을 보여줄 수 있을
까? 능력이란 지금까지의 학습과 경험 그리고 생각을 통해
문제 해결을 위한 자신의 방법을 표현함으로써 가능하다.
단, 탁월한 견해를 앞세울 야심만만한 생각은 금물이다. 현
상을 지식을 통해서 이해하는 과정을 충실히 쓰는 것에 우
선 1차 목적을 두어라.

Keep it simple!

자기소개서란 대개 A4 용지 2장 이내에 써야 한다. 그러니까 정말 요점만으로 꽉꽉 채워야 한다. 더구나 지금까지 우리가 함께 해온 얘기들을 자기소개서 작성에 다 써먹으려면 "keep it simple." 단순해져야만 한다.

1_ 단순해지려면, "불필요한 단어는 생략하라"

"어떤 이야기를 쓸 때는 자신에게 그 이야기를 들려준다고 생각해라. 그리고 원고를 고칠 때는 그 이야기와 무관한 것들을 찾아 없애는 것이 제일 중요해."

스티븐 킹 자신이 글쓰기 선생님이라고 여기는 신문사의 편집장이 한 말. 하지만 생략에도 기준이 있다.

단어생략과 기준

고교 시절의 스티븐 킹은 한 단어당 0.5센트씩을 받으며 지역 신문의 기자로 아르바이트를 했다고 한다. 첫 기사를 보고 편집장은 문장에 필요한 단어와 필요하지 않은 단어를 고르는 법을 가르쳐 줬다. 편집장은 스티브의 원고를 어떻게 수정해 줬을까?

어젯밤, 사람들이 즐겨 찾는 리스본 고등학교 체육관에서는 홈팀이냐 제이 힐스 팀이냐를 떠나서 모든 관중이 리스본 고교 역사상 전례가 없는 한 선수의 활약상에 경탄을 금치 못했다. 작은 체구와 정확한 슈팅으로 '총알'이라는 별명을 얻은 로버트 랜섬이 자그마치 37점을 따낸 것이다. 이것은 어김없는 사실이다. 게다가 그는 우아하고 신속했다. 퍼스널 파울을 두 개밖에 내지 않을 만큼 깨끗한 경기 매너를 보여주면서, 한국 전쟁의 해부터 번번이 리스본 선수들을 좌절시켜 온 기록을 질그릇처럼 통쾌하게 깨뜨리고 말았다.

— 스티븐 킹의 창착론

스티브의 원문을 편집장은 단어 생략의 규칙에 따라 사정 없이 지워 나간다.

 **"머리를 무겁게 하는 관형어구는 꼭 필요할 때만 쓰고, 문장은 주어로 시작하라."**

신문이란 사실(fact) 전달이 글쓰기의 핵심이고, 자기소개서는 자기 경험과 지식의 전달이 핵심이다.

① "사람들이 즐겨 찾는"을 빼고, "리스본 고등학교 체육관에서는"만 쓴다.

② "작은 체구와 정확한 슈팅으로 총알이라는 별명을 얻은"을 빼고, "로버트 랜섬"만 쓴다.

 **"아는 단어는 생략!"**

문맥상으로 독자가 '주어'가 누구인지 알고 있는 표현, "게다가"를 뺐는데, 단어의 생략은 문장의 간결성을 가져올 뿐더러 독자로 하여금 필자의 신뢰감을 느끼게 하는 효과가 있다. "이 정도는 알고 있으리라 믿습니다" 하고 채점자에게 신뢰를 보내라.

 **"숫자가 글자보다 짧은 법"**

"한국전쟁의 해"는 1950년으로 바뀌었다.

 **"내 말을 믿어 주세요!"는 써서는 안 될 표현!**

편집장은 "이것은 어김없는 사실이다"를 그런 표현의 예로 지적했다. 신문기사가 어김없는 사실을 안 쓰면 어쩌란 말인가.

대박 작가의 회고

"그 날 이후에도 나는 리스본 고등학교를 2년 더 다니면서 영어를 배웠고 대학에서도 작문과 소설과 시를 공부했다. 그러나 존 굴드는 겨우 10분 사이에 그 어떤 강의보다 많은 것을 가르쳐 주었다."

2 단순해지려면, "거리를 좁혀라"

"문장에 자신이 적을수록 얼른, 짧게 끊는 것이 좋다. 대개 첫 구절을 길게 끌어 가지고 내려오다 헝클어 놓는 것이 첫 솜씨들의 통폐다."

＿이태준

방 법

"아무 명사나 골라잡고 거기에 아무 동사나 붙여 놓으면 곧바로 문장 하나가 만들어진다. 백발백중이다. '바위가 폭발한다'. '산맥이 떠오른다' 모두 완벽한 문장들이다."

＿스티븐 킹

명사 + 동사로 구성된 문장구조를 추천하고 있다.

효 과

그는 강으로 갔다. 강은 그곳에 있었다.

＿어니스트 헤밍웨이 『두 개의 심장을 가진 강』

이런 일이 있었다.

＿더글러스 페어비언 『사격』

스티브가 짧으면서도 주인공의 행동, 일어날 사건에 설명을 기대하게 만든다고 칭찬하는 문장이다. 짧은 형식의 문장 서술은 중간에 삼천포로 빠지지 않게 하는 세이프가드의 구실을 하기도 한다. 짧은 것도 유혹하는 방법이다.

3 단순해지려면, "수동태를 없애라"

> "수동태는 나약하고 우회적이고 종종 괴롭기 때문"
>
> __스티븐 킹

한국어에는 수동태가 없다. 영어에는 분명히 수동태가 있다. 그럼에도 불구하고 스티브가 진저리나게 싫어하는 이유다. 그를 이해할 마음이 예문을 보고 생겼다.

수동태는 개방귀?

"나의 첫 키스는 세이나와 나의 사랑이 시작된 계기로서 나에게 길이길이 기억될 것이다."

(My first kiss will always be recalled by me as how my romance with shayna was begun.)

그는 "개방귀"라고 평한다. 너무 상징적이라 설명이 필요할 것 같다. 이제까지 배운 바를 써먹어 보자.

 **문장의 규칙을 어기고 있다.**

주제문과 부연 설명의 형태가 아니다.

 **첫 단어와 마지막 단어 사이가 너무 길다.**

채점자가 지루해할까봐 조바심이 난다.

 **애벌레형이 아니라 태풍형 시작이다.**

'대두단족', 머리 크고 다리 짧으면서 사랑 받는 연예인은
개그맨밖에 없다.

아직 2%가 부족해

"셰이나와 나의 사랑은 첫 키스로 시작했다. 나는 그 일을
잊을 수가 없다."

(My romance with Shayna begun with our first kiss. I`ll never
forget it)

스티브는 이렇게 고치란다. 영어야 뭐라고 할 주제가 못

되지만 번역문에는 할 말이 많다.

첫째, 주제문인 첫 문장이 가져야 할 조건인 상징, 압축, 정의가 포함되어 있지 않다.

둘째, 기대와 반응을 끄집어내는 사건발생의 구조가 아니다.

셋째, 문장의 규칙인 주제와 부연설명의 관계를 지키지 않고 있다.

배운 대로 하면

"첫 키스로 사랑은 시작되었다. 셰이나와 나의 사랑이었다. 그것을 잊을 수는 없을 것이다."

첫째, 사건이 연속적으로 발생하고 있으며,

둘째, 서론, 본론, 결론이 명확하고,

셋째, 첫 문장이 상징적이다.

전하는 말씀

전쟁터에서 나약해 보일 필요는 없다. 칼을 높이 들어 싹둑 자르자! 수동태.

사랑하는 것을 죽여라

"수정본 = 초고-10%"　　　　　　　　__스티븐 킹의 창작론에서

　자기소개서를 처음 쓰기 시작할 때는 우선 쓰고 싶은 사실들을 주-욱 나열해라. 그런 다음? 물론 스토리를 만든다. 자기소개서의 초고가 완성되면, 무조건 10%를 줄여라. 글쓰기의 다이어트 법칙이다. 한 번만 해서는 효과가 없다. 빼고빼고 또 빼라.

제5장 면접에 성공하는 7가지 습관

설득의 기술은 삶의 기술이다. _게리 스펜스

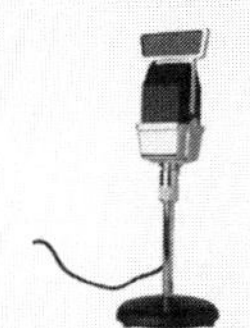

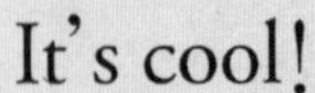

미디어는 메시지다.   __마셜 맥루한

커뮤니케이션이란 의미 있는 말, 즉 메시지를 주고받는 행위이다. 그리고 미디어란 메시지를 주고받는 매개체를 말한다. 맥루한은 미디어 자체가 일종의 메시지, 즉 의미를 갖고 있다고 주장하였는데, 면접의 본질을 발견할 수 있는 주장이다.

 면접은 미디어이고, 메시지이다

면접이란 "너 이거 알고 있어?" 하는 질문과 "흥! 내가 그것도 모를 줄 알고” 하는 대답이라는 의미 있는 말, 즉 메시지가 왔다갔다하는 구인자와 구직자간의 만남의 매개체로서 미디어의 성격을 가지고 있는 것이다.

2 Hot? or Cool?

맥루한은 미디어를 핫미디어와 쿨미디어로 나누었는데, 핫미디어란 고정밀성과 저참여성을 특징으로 하고, 쿨미디어는 저정밀성과 고참여성으로 특징짓는다. 정밀성이란 어떤 메시지의 정보가 분명한 정도를 의미하며, 참여성은 어떤 메시지를 받아들이는 사람이 그 뜻을 재구성하는 데 필요한 노력 투입의 정도를 의미한다.

면접은 cool과 hot 중에 어느 쪽일까? 쿨미디어다. 왜냐하면 면접관은 꼭 입사지원자가 틀림없이 알아듣도록 시시콜콜이 모든 정보를 친절히 담아 질문을 하지는 않는다. 오히려 오답을 유도하는 함정을 놓는 경우도 있다. 그렇지만 우리들, 입사지원자는 제대로 알아듣고 똑바로 대답해야 한다. 시쳇말로 개떡같이 말해도 찰떡같이 알아들어야 하는 것이다.

3 면접에서 성공하는 비결!

본질을 알면 방법도 찾을 수 있다. 면접은 미디어라고 했다. 그러니까 우리가 독재정권처럼 면접을 효과적으로 통제할 수만 있다면 합격할 수 있다. 또한, 면접은 쿨미디어이니까 최대한 참여성을 높이면 당신은 합격할 수 있다.

그런데 그 방법은 무엇일까? 『원활한 대화와 창조적 사고를 가능하게 하는 비결, 질문의 7가지 힘』이라는 책의 저자, 도로시 리즈는 통제력과 참여를 높이는 방법으로 질문을 제안한다. 그녀는 이렇게 말한다.

"질문은 통제하는 힘이 있다. 그러나 공식석상에 나가서는 종종 통제권을 포기한다. 만일 상대방이 더 월등한 지위에 있다고 느끼거나 권위를 갖고 있다고 느끼면 대답만 하고 질문하는 것을 잊어버린다."

4 면접에서 질문하는 3가지 순서

안다. 맞는 말이지만 실제로 면접에서 어떻게 해야 할지

막막하다는 것을…. 내가 권하는 다음의 3가지 순서를 응용
해서 자신의 질문을 만들어라.(혹시 모든 지원자가 같은 질문
을 한다면 곤란하지 않겠는가?)

첫 번째 질문: 지금 말씀을 이런 관점에서 말해도 되겠습
니까?(질문을 받고 난 뒤)

두 번째 질문: 계속 해도 괜찮겠습니까?(대답의 중간쯤에)

세 번째 질문: 혹시 부연 설명이 필요한 부분이 있으십니
까? (대답을 끝내고 난 뒤에)

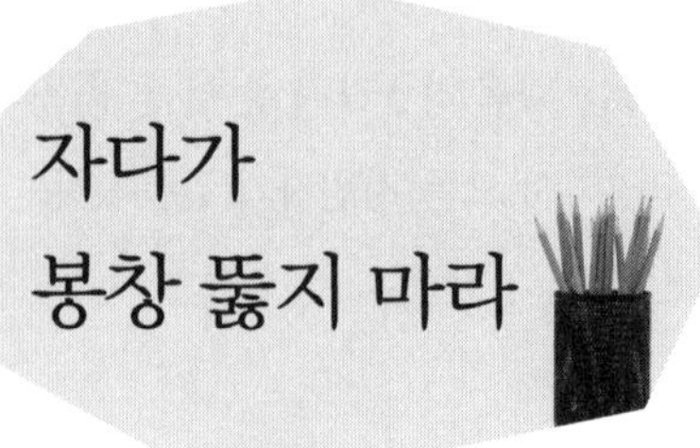

"돌쇠 씨, 오늘밤 달이 유난히 밝지요?"
"나 이 동네 안 살아서 잘 몰라요."

__김경용의 기호학이란 무엇인가

이런 황당한 대화가 데이트 도중에 벌어지는 것은 차라리 낫다. 만약 면접장에서 벌어진다면 가문의 영광은 난망무제다. 어떻게 대답하면, 이런 자다가 봉창 뚫는 일이 벌어질까? 도로시 리즈가 똑똑하게 분석을 해놓았다.

*1*_ 면접에서 봉창 뚫는 3가지 습관

| 막연하게 말한다.
| 지레 짐작한다.
| 같은 말을 다른 의미로 해석한다.

*2*_ 최소한 봉창은 뚫지 않는 법, "용기를 가지고 질문해라"

도로시 리즈는 지레짐작으로 자다가 봉창 뚫은 예를 소개하고 있다. 어느 미인대회에서 일어난 일이다. 본선에 오른 다섯 명의 미인에게 사회자가 질문을 했다. "당신이 꿈꾸는 데이트를 묘사해 볼 수 있나요?" 처음 네 명은 모두 유머감각이 뛰어나고 낭만적이고 자상한 남자가 좋다고 이야기했다. 그런데 다섯 번째 미인은 "제가 꿈꾸는 날은 5월 1일이에요. 꽃이 피기 시작한 봄이죠." 하고 대답했다. 물론 그녀는 왕관을 쓰지 못했다.

알다시피 데이트는 데이트상대라는 의미와 날짜라는 중복된 의미가 있다. 만약, 모호한 질문을 접하면 면접자에게 질문을 해서 질문의 의도를 확실히 파악해라. 어차피 봉창 뚫는 대답으로 떨어지나 질문도 제대로 이해 못하는 어리버리한 사람으로 찍혀 떨어지나 마찬가지다.

더욱이 면접은 쿨미디어다. 참여성을 높이기 위해 일부러 질문을 하는 것이 좋다는 충고도 들은바…. 용기를 가지고 질문해라.

3 성공하는 사람은 어떤 식으로 대답할까?

칭기즈칸이 쿠투쿠 노얀에게 카다가 "너에게 무엇을 주었는가? 안 주었는가?"라고 물었을 때, 쿠투쿠 노얀은 이렇게 말했다. "그는 주었지만 받지 않았습니다."

칭기즈칸이 "어째서인가?"라고 하자, 그는 이렇게 대답했다.

"우리가 도시를 정복하지 못했을 때에는 한 조각의 끈에서 작은 모자에 이르기까지 모든 것이 알탄 칸의 소유였지만 도시를 점령한 지금 그 모든 것들은 칭기즈칸의 것이라고 생각했습니다. 그의 물건을 어찌 감히 숨기거나 훔쳐서 누군가에게 줄 수 있단 말입니까?"

그러자 칭기스칸은 이렇게 말했다. "현명한 자는 사태의 결말을 알고 말하리라."

➡ 적극성, 조직에 대한 충성심, 팀워크를 이루는 데 절대
적인 협동심과 같은 상식적인 것을 확인하고 표현하는 곳이
면접이라는 것을 잊지 말자.

Boxer처럼 준비하라

맨시니의 돌주먹을 맞고 꽃잎처럼 사각 링에서 쓰러져 간 김득구가 링에 오르기 직전 대기실에서, 체중감량을 위해 들어간 사우나에서 그리고 호텔 방에서 수백 번 반복한 행동이다. 이것을 권투용어로 셰도 복싱이라고 한다. 일본에 진출한 선동열, 이승엽 같은 야구 선수들도 성적이 부진할 때에는 수없이 비디오를 보고, 달 밝은 밤에 방망이 들고 혼

자서 연습을 했다고 한다.

1_ 이승엽의 방망이는 달밤에 무엇을 맞추었나?

애인이든 광고든 면접이든 상대방을 설득시키고 공감시키고 감동시키려면 그 사람 마음속에 있는 가장 여리고 부드러운 부분을 때려주어야 하는데 이것을 심리타점(sweet spot)이라고 한다. 이승엽은 아마 심리타점을 찾고 있었을 게다. 그런데 면접관의 심리 타점은 어떻게 찾아야 할까?

➔ 카피라이터 이인구 씨가 『카피 한 줄의 힘』이란 책에서 광고인들을 위해 설명해 놓은 심리타점의 원칙을 면접에 맞게 고쳐보았다.

1) I'm your man.(성공을 향한 첫 걸음은 소비자의 입장에 서는 것이다.)
2) It's me.(상대방을 설득하는 것은 말이 아니라 면접자 자신이다.)
3) Know yourself.(지원회사를 이해하는 것은 먼저 면접자, 자기 자신을 이해함으로써 시작할 수 있다.)

첫 번째는 지원회사의 입장에서 면접관의 질문을 바라보는 것이다. 가령 환율 상승이라고 하더라도 업종에 따라 유리할 수도 있고, 불리할 수 있다. 전날의 주가, 면접당일의 특별한 주가의 움직임이나 경영공시 사항 등을 점검해 놓았다가 면접관의 질문에 대답할 때, 활용하도록 한다. 물론 최근 3개월, 1년간의 공시나 언론에 보도된 내용 등을 스크랩하여 주요사항을 알아두는 것은 이제 상식에 속한다.

두 번째는 면접자의 질문에 대답하는 '형식'으로 이해하면 된다. 앞장에서 말한 것처럼 면접자에게 질문을 해서 상황을 통제하는 능력을 보여주거나, "거리를 좁혀라"를 응용하여 짧은 문장형식으로 질문에 답함으로써 간결함 느낌을 준다든지 또는 '오잉', '어', '우앗'의 이야기형태의 대답으로 면접자가 나를 인상 깊게 기억하게 만드는 퍼스널 브랜드를 높이는 것을 이해해라.

마지막은 요즘 유행하는 혈액형이나 별자리 또는 태음인이나 태양인처럼 자신을 상징적으로 표현할 수 있도록 하라는 것이다. 예를 들면 자신을 지역특화 전문가형 인재, 미디어 리터러시를 갖춘 커뮤니케이션 인재, 문제해결형 인재

등으로 정의하는 것이다. 만드는 방법은 앞서 배운 "정의는 문장을 차별화한다"나 "비유는 문장을 브랜드화한다"를 참조하면 된다. 아마 면접자의 가슴에 당신에 대한 feel을 화~악 꽂는 sweet spot이 될 수 있을 것이다.

2 면접의 예상문제를 만드는 셰도 복싱법

1) 이야기를 통해 주장하려는 논제를 확실히 정한다.

2) 이야기를 짜기 전에 간단한 질문부터 해본다,

3) 생각나는 대로 적어본다.

4) 사실을 조사한다.

5) 전체에서 알짜를 고른다.

6) 면접자의 심리타점에 맞게 수정한다.

3 예상문제를 만들 때 오류를 피하는 법

누가, 언제, 어디서, 무엇을, 왜, 어떻게 등과 같은 전통적인 질문을 하지 말자. 대신 생각해 보라, 묘사하라, 예시해 보라, 해석해 보라, 확인해 보라 등이나 비교해 보라, 가늠해 보라, 연결해 보라, 구분해 보라 등을 사용해서 유사

재미있으면 믿는다

많은 여자들은 남자들이 재미있는 이야기를 해주기 때문에 그를 사랑하게 된다.

—질문의 7가지 힘에서

사람들은 재미만 있으면 뭐든지 믿는다.

—설득, 마음을 움직이는 전략에서

1_ 웃는 얼굴에 침 못 뱉는다

아주 오랫동안 베스트셀러의 자리에 올라 있던 『설득의 심리학』이라는 책의 저자, 로버트 차알디니 교수는 코미디 프로그램에서 가짜 웃음을 들려주는 이유를 설득의 세 번째 법칙인 사회적 증거에서 찾고 있다. 즉, 사람들은 다른 사람들의 반응에 따라서 행동하는 데 익숙해져 있는데, 가짜 웃음은 사람들에게 웃을 타이밍을 알려주는 역할을 한다는 것이다. 말하자면 불이 켜지면 침을 질질 흘리는 개와 같은 이치라는 것이다. 그러니까 TV제작자들이 "하하" 하는 가짜 웃음을 돌리면, 시청자들이 진짜 "낄낄" 웃음을 지어 TV 제작자들의 연봉을 높여주는 것처럼 면접관을 웃게 만들면, 면접관은 당신에게 점수로 보답한다.

2 재미 = 웃기는 것?

카피라이터 이인구 씨는 좋은 광고란 신문이나 TV 등에서 광고를 보다가 "아! 이건 나를 위한 광고구나" 하는 생각이 드는 광고란다. 그리고 보고 듣는 사람에게 이와 같은 생각이 들도록 하는 것을 감정이입이라고 하며, 물론 재미는 감정이입의 가장 손쉽고 효과적 방법이다. 하지만 재미가 단순히 웃기는 것일까?

상황1 : ("아아악–" 연방 소리를 지른 뒤)
상황2 : (눈물을 펑펑 흘리고 나서)

상황3: "아-아 오랜만에 재미있게 봤다"며 이구동성으로 외친다.

이들이 말하는 재미란 '웃긴다'는 것이 아니라 이야기가 너무 실감나 완전히 허구임을 잊을 정도로 완벽하다는 의미다. 그러니까 면접관을 재미나게 만든다는 것은 그의 질문에 리얼리티 빵빵하고 완벽한 구조의 이야기로 대답하는 것을 뜻한다.

3 성공하는 기업에는 스토리가 있다

얼마 전 새로 나온 책제목이다. 이 책의 마지막 장에는 노무현 대통령이 나온다. 저자는 그가 타고난 이야기꾼인 것이 성공의 비결이라고 말하고 있다. 미국 최고의 변호사 가운데 한 사람인 게리 스펜스는 "설득의 가장 강력한 구조는 이야기다"라고 말한다. 면접관을 설득하려면, 신데렐라 스토리로 질문에 대답해라.

꾸미지 말라 勿爲

앞장에서 우리는 "재미있는 것은 좋은 것"이라는 것을 알
았다. 그래서 지금쯤 당신은 "그래, 재미! 재미있게 말해야
지" 하고 야무지게 마음먹고 있을지 모른다. 그런데 40여

년간 형사사건에서 한번도 진 적이 없다는 미국 최고의 변
호사는 이런 말을 한다.

1_ 준비된 것은 재미없다

"미리 종이에 써놓은 이야기를 순서대로 읽은 결과, 감
정이 묻어 나오지도 못하고 사람들은 하품을 하고 지루해
했다."

"이게 도대체 무슨 말인가? 실컷 앞에서 복서처럼 예상문
제를 만들어 준비하라고 해놓고 준비된 것은 재미가 없다
니…" 하고 황당해 하지 말고 설명 마저 들으라.

2_ "당분간 다시 TV를 하기는 어려울 것 같네요!"

한물 간줄 알았더니 범죄의 재구성으로 "아쭈, 좀 하는
데" 소릴 듣더니, 파리의 연인으로 급기야는 송강호, 설경
구마저 제쳐 버리고 남자배우부문 퍼스널 브랜드 1위에 오
른 박신양이 인터뷰에서 한 말이다. 이유는 대본이 촬영 5
분 전에 나오는 TV드라마 촬영 환경 때문이란다. 왜 5분 전

에 대본이 나올 수밖에 없을까?

팬들의 반응에 맞춰 그때그때 대본을 바꾸기 때문이란다. 왜 그때그때 바꿀까? 한 마디로 고객만족을 위해서다. 눈치 보다가 입맛에 맞추기 위해서. 그러니까 내 말은 준비하지 말라는 것이 아니라 현장의 상황에 맞춰 리얼리티 빵빵하게, 그리고 자연스럽게 story를 풀어나가란 얘기다.

3 노자에게 배우는 無爲(무위)로 말하는 법

有無相生(유무상생), 長短比較(장단비교) 高下相傾(고하상경) 音聲相和(음성상화) 前後相隨(전후상수)

쉽게 말해서 싹둑자르기로 이야기의 전개속도조절과 대립구조의 형성, 나비가 태풍을 만드는 법으로 이야기의 단계의 구분 등을 한 다음, 분위기와 상황에 맞게 강약을 조절하여 말하라는 소리다.

몽골기병처럼
말하라

이상적인 컨셉 프로세스는 광고주로부터 시작된 컨셉들이 발전되어 가는 것인데, 예를 들면 a→b→c→d로 발전되면서 소비자의 공감대 폭을 키워가는 것이다.

product concept ←a→
brand concept ←b→
creative concept ←c→
visual concept ←d→

_민영훈의 광고기획서에서

*1_* 죽느냐? 사느냐?

아시아에서 유럽까지 인류 역사 이래 가장 넓은 통일제국을 이룩했던 몽골기병의 논리는 간단했다. 항복하면 살려준다. 그러나 저항하면 씨도 남기지 않고 전원 죽인다. 도망자는 끝까지 추적하여 죽인다. 이처럼 초지일관된 몽골기병의 행동은 몽골기병의 그림자만 봐도 사시나무 떨듯 떨게 만들었다. 이윽고 몽골기병의 초지일관된 행동은 싸우기도 전에 항복을 하는 결과를 가져왔다. 스페인에서 북아프리카 그리고 아라비아 반도와 메소포타미아 그리고 중앙아시아까지 지배했던 몽골 이전의 세계 최강국이었던 이슬람 왕국의 술탄과 그의 신하가 나눈 다음의 일화를 보자.

왕: 몽골군은 병에 걸렸다. 만일 우리가 그들과 지금 전투를 벌인다면 어떻겠는가?

신하: 조상들의 사직과 존귀한 황위를 의심스런 그런 것에 걸 수 있단 말입니까? 사태를 잘 판단해야 합니다. 지금 최상의 방책은 사신을 보내 복속하는 것입니다. 어떻게 해서든지 그들을 나라 밖으로 내보낸 뒤에 다른 방책을 강구합시다.

2 일관성의 효과

설득의 심리학의 저자 로버트 차알디니 교수는 일관성의 효과에 대해서 다음과 같이 적고 있다.

"일관성의 욕구가 그토록 강력한 동기상태를 내포하고 있는가를 이해하기 위하여 우리는 일관성의 개념이 사회적으로 갖고 있는 도덕적 가치와 실제적 가치를 살펴보아야 한다. 많은 학자들의 연구에 의하면 불일치는 일반적으로 바람직하지 못한 성격적 요소로 간주된다. 끊임없이 자기의 마음을 바꾸는 여자는 변덕쟁이, 혹은 머리가 산만한 사람이라고 불리어진다. 남에게 쉽게 영향을 받아 자기의 의견을 자주 바꾸는 남자 역시 우유부단한 사람, 혹은 의지가 약한 사람으로 여겨지며, 언행이 일치하지 않는 사람으로 여겨지며, 언행이 일치하지 않는 사람은 이중인격자라거나 심지어는 정신병자라고까지 불리기도 한다. 반면에 강직한 일관성은 심리적인, 그리고 지성적인 강점으로 간주된다. 일관성이야말로 논리, 이성, 안정성, 그리고 정직성의 핵심으로 인정받고 있다."

3 몽골기병처럼 말하는 방법

➡ 광고분야에서 통용되는 일관성의 원칙을 응용하여 면접에서 일관성 있게 질문에 답하는 방법을 고안했다.

첫째, 정합성을 가져라.

선택과 집중의 원리라는 것이 있다. 면접관의 질문에 대해서 방향성을 선정한 뒤. 다른 질문도 모두 같은 방향성으로 대답해라.

둘째, 계속성을 가져라.

방향성의 핵심이 되는 내용은 다른 답변에서도 반복한다. 단, 반복이 자칫 가져올 수 있는 지식 및 논리의 빈곤성을 피하기 위해서 예를 풍부하게 준비해라.

셋째, 통합성을 가져라.

모든 질문에 대한 대답은 '우리'라는 관계에서 출발하라. '지원회사-면접관-나'는 모두 '우리'라는 입장에서 우리에게 이익이 되는 점을 찾아라.

No! 라고
말하지 마라

6개월 안에 그 프로젝트를 끝낸다는 것을 모두 불가능하다고 생각했습니다. 세계 기업들은 ○○이 실패해서, 엄청난 페널티를 물고 말 것이라고 장담했습니다. 그러나…

__KBS 신화창조의 비밀 중에서

신화의 영어 단어는 미뜨(myth)이다. 이 myth는 말, 혹은 이야기라는 뜻의 그리스어 뮈토스를 어원으로 한다. 그러니까 신화란 인간의 힘으로는 불가능한 어마어마한 능력을 가진 신들이나 신들에 버금가는 영웅들의 이야기다. 그렇다면 이 시대의 기업인이란 일주일에 한편씩 일년 이상을 방영되

고 있을 만큼 어마어마하고 불가능할 것 같은 일을 엄청나
게 많이 해치우는 존재들이다. 이런 사람들의 사전엔 'No',
'Impossible'과 같은 단어가 없음에 틀림없다. 이들은 어떻
게 말하는 것을 좋아할까?

1_ 비판이 아니라 비평적 사고 式으로 말해라

바비 인형은 세계적인 베스트셀러다. 바비의 스타일이 성
차별적이며 이제는 시대에 뒤떨어진 것으로 비판하는 사람
들도 많다. 그러나 여전히 잘 팔리고 있는 바비 인형이 탄생
한 일화는 이렇다.

"어린 딸이 열여섯 살이나 열일곱 살 때의 모습을 상상하
면서 소꿉장난을 할 때, 평평한 가슴을 가진 인형을 가지고
노는 것은 우스운 일이다. 그래서 나는 바비에게 아름다운
가슴을 만들어 주었다."

그러니까 인형이란 어린아이들이 그저 한때 가지고 노는
것, 하찮은 것으로 치부하는 부질없는 비판이나 한계적 사
고를 뛰어넘어 "여자아이들이 가지고 노는 인형이 이렇게

부실해서는 안 된다. 내가 성장해서 되고 싶은 여인의 육체를 만들어 어린 여자아이들에게 '꿈'을 만들어 줘야지" 하는 비평적 사고가 대박 신화를 가져왔다. 앞에서 말했듯이 신화는 이야기다. 이야기는 꿈이 있어야 흥미롭고 재미있다. 외과의사의 칼날은 인간의 속살을 갈갈이 찢어놓기 위해 있는 것이 아니다. 병을 고치기 위한 것이다. 그저 메스만 들이대는 비판에서만 끝나면 비즈니스맨이 아니라 정치평론가, 사회비평가일 뿐이다. 끝없는 전진을 뜻하는 개선, 이노베이션을 가져오고 새로움을 이끌어내는 아이디어를 키우는 비평적 사고를 가지고 말해라.

2 "막히면 돌아가기" 式으로 말해라

포르투갈은 이슬람을 피해 금과 향신료의 나라, 인도와 지팡구(일본)에 가기 위한 방법을 찾다가 결국에는 아프리카 대륙을 돌아 인도양으로 나가는 항로를 개척하였고, 이것이 15세기 포르투갈의 황금시대를 열었다.

다시 바비 인형으로 돌아가 보자. 일본 진출 초기, 바비 인형의 판매가 부진했다. 문화적 차이라고 간단히 생각하고 판매를 포기하지 않고, 이유를 찾았다. 이유는 바비 인형이 미국에서 선풍적 인기를 가져온 풍만한 가슴이 오히려 일본에서는 판매의 장애가 되고 있었다. 일본의 여자아이들과 엄마들은 바비 인형의 젖가슴 사이즈에 부담을 느끼고 있었던 것이다. 일본의 바비 인형은 일본인이 아름다운 가슴으로 느끼는 크기로 조정되었고, 그 후 그야말로 날개 돋힌 듯 팔려나갔다.

즉, 사실이라는 what을 해결하기 위해 if라는 여러 가지 대안과 문제 해결의 방법을 발견할 수 있도록 사건, 이슈에 대해서 말해라.

3 "이익이 있다면 원수도 사랑한다" 式으로 말하라

"돈도, 인간도 풍부한 황금의 베네치아"라는 별명을 가지고 있던 중세의 베네치아 상인들은 영리를 위해서라면 어떤 일도 꺼리지 않았다.

비즈니스맨에게 정치·사회적 이슈에 대한 좋고/나쁨의 가치 판단은 아무짝에 소용없다. 필요한 것은 그 이슈가 리스크로 작용할 것인가? 아니면 기회가 될 것인가를 판단하는 것뿐이다. 그리고 그에 따른 대비책을 마련해야 한다. 이럴 때 써먹는 것이 사건발생 → 준비된 대비책 실행의 시나리오식 이야기 전개 형식이다.

자기소개서 백점 면접 만점 

펴낸날   2005년 3월 2일 초판발행
           2008년 9월 10일 4 쇄발행

지은이 이 경 륜
펴낸이 이 방 원
발행처 세창미디어
          서울시 서대문구 냉천동 182 냉천빌딩 4층
          전화 | 723-8660   팩스 | 720-4579
          e-mail | sc1992@empal.com
          http://www.scpc.co.kr
          신고번호 | 제300-1998-3호

정가 7,000원

잘못 만들어진 책은 바꾸어 드립니다.

ISBN 978-89-5586-044-3 13710